Heik Afheldt

ZUKUNFTSFAKTOR
FÜHRUNG

Unternehmen auf dem Weg
ins Jahr 2000

Heik Afheldt (Hrsg.)

ZUKUNFTSFAKTOR FÜHRUNG

Unternehmen auf dem Weg ins Jahr 2000

Mit Beiträgen von

F. Wilhelm Christians
Reiner M. Gohlke
Wilfried Guth
Carl H. Hahn
Kurt H. Körber
Helmut Maucher
Helmut Sihler
Lothar F.W. Sparberg
Heinrich Weiss

prognos

UNTERNEMERBUCH
BEI POLLER

CIP-Kurztitelaufnahme der Deutschen Bibliothek

Zukunftsfaktor Führung
Unternehmen auf dem Weg ins Jahr 2000 /
Heik Afheldt (Hrsg.). / Mit Beitr. von
F. Wilhelm Christians...
Stuttgart: Poller 1987
(Prognos-Unternehmerbuch)
ISBN 3-87959-307-8
NE: Afheldt, Heik (Hrsg.);
Christians, Friedrich Wilhelm
(Mitverf.)

© Horst Poller Verlag
im Verlag BONN AKTUELL GmbH, 7000 Stuttgart 31
Juni 1987
ISBN 3-87959-307-8

Umschlagentwurf: Reichert Buchgestltung, Stuttgart
Satz: abc Fotosatz GmbH, Buchloe
Druck und Bindung: Kösel, Kempten

Alle Rechte vorbehalten
Nachdruck, auch auszugsweise, nur mit Zustimmung des Verlages
Printed in Germany

Inhaltsverzeichnis

Einleitung 11

Teil A: Das Umfeld verändert sich 17

Heik Afheldt:

Veränderungen bestimmen die Entwicklung 19

1. Weltwirtschaft und internationale Arbeitsteilung 25
2. Neue Technologien 28
3. Der soziale Wandel/Wertewandel 29
4. Die „unruhige" Bevölkerung 32
5. Die Wirtschaft in der Bundesrepublik
   nach Niveau und Struktur 34
6. Politischer Rahmen 35

F. Wilhelm Christians:

Evolution statt Revolution 37

Konsequenzen für unternehmerisches Handeln morgen 37
Strukturwandel als außenwirtschaftliches Phänomen 42
Strukturwandel als binnenwirtschaftliches Phänomen 48
Unternehmenssicherung über die Jahrhundertwende hinaus 54
Unternehmensführung im Jahre 2000 58

Teil B: Strategien zur Eroberung der Zukunft 59

Heik Afheldt:

Auf Veränderungen rechtzeitig reagieren 61

1. Welche Merkmale werden die Unternehmen
   im Jahr 2000 haben? 62
2. „Corporate Identity" 64
3. Noch eine Innovation: „Intrapreneuring" 66
4. Mehr Flexibilität 67
5. Technologietransfer, Forschung und Entwicklung 68

Helmut Maucher:

Strategische Überlegungen 19

Langfristige Konzeption und zukünftige Politik in einer international
tätigen Unternehmung der Ernährungsindustrie 71
Bevölkerungsexplosion als globales Problem 74
Unternehmenspolitische Grundsätze 78
Regionale Märkte und ihre Besonderheiten 82
Folgerungen 87

Carl H. Hahn:

Mitarbeiter 89

Unsere wertvollste Ressource 89
Die neuen Techniken stärken die Wettbewerbsfähigkeit und
sind keine Jobkiller 91
Wir müssen den Menschen helfen, ihre Ängste zu überwinden ... 92
Maßstäbe für Hierarchie und Autorität ändern sich 94
Leistungsfähigkeit wird auch durch kulturelle Faktoren bestimmt . 95
Unternehmensidentität gewinnt zentrale Bedeutung 97
50 Jahre Volkswagen Käfer –
ein Kapitel deutscher Automobilgeschichte 98
Vom Volkswagen zum Erfolgswagen 99
Volkswagen – das war der Käfer 99
Golf – Ideal und Ideenträger 100
Kontinuität und Fortschritt 101
Was wir sind und was wir wollen 101
Corporate Identity wächst von innen 102

Heinrich Weiss:

**Managementstrategien im internationalen
Großanlagenbau** 105

Besonderheiten 106
Anbietergemeinschaften 107
Know-how-Transfer und Financial Engineering 108
Wettbewerbsprobleme 110
Strategisches Konzept 111
Fünf Thesen zur Unternehmensphilosophie 113
Entscheidung für neue Märkte 115

Reiner M. Gohlke:

Management im politischen Umfeld 117

Neues Management 119
Wirtschaftliche Startbedingungen 120
Kurzfristige Maßnahmen 122
Strategie DB '90 123
Markt- und Produktinnovation 124
   Innovationen im Personenverkehr 124
   Innovationen im Güterverkehr 126
Organisationsmaßnahmen 128
Einrichtung des Absatzressorts 128
Einrichtung des Controlling-Ressorts 131
Verkürzung des Instanzenzuges 132
Einbeziehen der Mitarbeiter 133
Hemmnisse bei der Umsetzung 134
Erste Erfolge 136
Gestalten neuer Rahmenbedingungen 137
Fortsetzung der Reform 139
Die neue Bahn 141
Die Bahn im europäischen Rahmen 142
Risiken 143
Chancen 143
Europäische Rahmenbedingungen 145
Europäisches Bahnverständnis 146
Die Bahn ist managebar 148

Helmut Sihler:

Werbung und Marketing 161
Neue Aspekte bei veränderter Bevölkerungsstruktur 161
Werbung ist herausgefordert 162
Die demographische Entwicklung 165
Weitere Entwicklungen 167
Die Nachfrage verändert sich 170
Günstige Entwicklungen 172

Teil C: Anforderungen an die Führung 175

Heik Afheldt:

Das Anforderungsprofil der Führungskräfte 177
Welche Anforderungen an Führung im Jahre 2000
lassen sich erkennen? 178
a) Intellektuelle Kompetenzen 180
b) Unternehmerische Kompetenzen 181
c) Sozio-emotionale Kompetenzen 181
d) Interpersonale Kompetenzen 181

Handlungsbedarf und Handlungsmöglichkeiten
zur Entwicklung von Führung 185

Lothar F. W. Sparberg:

Internationale Technologiemärkte 189

Zentrale Herausforderung an die Führungskräfte von morgen ... 189
1. Kennzeichen des Wandels 191
   1.1 Technologischer Wandel 191
   1.2 Internationalisierung 193
   1.3 Flexibilität 195
2. Internationale Technologiemärkte 196
3. Antworten durch Unternehmensführung 199
   3.1 Technikeinsatz 199
   3.2 Dezentralisierung 200
   3.3 Weiterbildung 201
   3.4 Unternehmenskultur 201
   3.5 Gesellschaftliches Umfeld 202
4. Die Perspektive: Integration 203

Kurt H. Körber:

Vom Erfolg zur Verpflichtung 205

Erfolgskriterien eines Eigentümer-Unternehmers 205
Unabhängigkeit 206
Erfolg durch Schnelligkeit 209
Kreatives Handeln 211
Verbindungen nach außen 213

Wilfried Guth:

Macht und Verantwortung 217

Zur politischen Aufgabe des Unternehmers 217
Es ist keine Zeit mehr für die „grauen Eminenzen" 220
Keine Differenzierung je nach Regierungspartei 223
Eine bunte Vielfalt ergibt das wahre Unternehmerbild 227

Anmerkungen 229

Autorenhinweise 231

Register 237

Heik Afheldt:

Einleitung

Bei aller Unsicherheit über die Zukunft, eines ist gewiß: Im Jahre 2000 werden wir in der Bundesrepublik und weltweit eine andere Wirtschaft und Gesellschaft vorfinden als heute.

Wie diese Welt dann aussehen wird, das ist ganz entscheidend davon abhängig, welche Visionen die Führungskräfte von heute und morgen haben werden und wie erfolgreich sie ihre Führungsrollen wahrnehmen. Führung bestimmt unsere Zukunft.

Wir wissen: von zwei gleichartigen Unternehmen kann unter gleichen Rahmenbedingungen eines reussieren und das andere zugrundegehen.

Führung, denke ich, ist eine mindestens so entscheidende Ressource wie Rohstoffe, Energie, Umwelt oder sozialer Frieden. Im Grunde genommen ist sie sogar noch entscheidender. Erst eine gute Führung in der Politik wie in der Wirtschaft läßt die Hoffnung begründet erscheinen, mit den übrigen drohenden Engpässen fertig zu werden.

Und doch kümmern wir uns um die Menge und die Qualität dieses Schlüsselfaktors *Führung* nur sehr unzureichend. Wir gehen offenbar von der naiven Vorstellung aus, diese Fähigkeiten entstünden von ganz alleine, fielen als Manna vom Himmel. Aber sind wir nicht alle gemeinsam – und jeder in seinem Unternehmen – dafür verantwortlich, für Führungsaufgaben zu motivieren, Führungsfähigkeiten zu erkennen und zu fördern und aktive Führungskräfte sorgsam zu pflegen und fortzubilden?

Führung als knappe Ressource? Keine Frage, die Führungsaufgaben werden eher schwieriger. Die Unternehmen werden komplexer, die Mitarbeiter anspruchsvoller, der Wettbewerb härter, die Märkte größer und internationaler, die Produkte und die Fertigungstechnik komplizierter, die Gesellschaft um das Unternehmen herum anspruchsvoller und fordernder.

Und schon heute fühlen sich viele Führungskräfte überfordert. Manche werfen das Handtuch. Wer hat denn morgen noch Lust, Führungsaufgaben in einer noch schwierigeren Umwelt zu übernehmen? Wieviel traurige und auch von Krankheit oder Durchhaltearzneien gekennzeichnete Gesichter sehen wir in den Führungsetagen schon heute. Wie wenige können überzeugt darstellen, daß Führung und Lebensfreude zusammengehören. Aber brauchen wir nicht morgen gerade solche Führer, die eher sensibler sind als in der Vergangenheit?

Was erfordern die Gesellschaft, die Wirtschaft, was die Unternehmen in dieser Wirtschaft im Hinblick auf ihre Führungskräfte in Zukunft also?

Was weiß man über die dann bestehenden Anforderungen? Sind dies andere Anforderungen als die von heute? Was weiß man sicheres über die Anforderungen in der Gegenwart?

Kennen die Personalleiter, die Personalberater und die Betriebswirtschaftsprofessoren die Anforderungsprofile? Oder handeln wir hier nicht eine bunte Palette von Mutmaßungen auf dem Wege zur Entschleierung der „Gründe für Excellence"? Was verbindet eigentlich die Führungsprofile der gleichermaßen erfolgreichen Autoren, die in diesem Buch so eindrucksvoll und auch so unterschiedlich über ihre Führungsaufgaben und ihre Führungskonzepte berichten? Welche Bedeutung hat Charisma und woher rührt es, was bedeutet die „Persönlichkeit" für die Führung? Welche Fertigkeiten, Techniken, welche „Management-by-Rezepte" können gelernt werden, werden wirksam und sind nützlich? Welche Konsequenzen für die Ausbildung, die Fort- und Weiterbildung von Führungskräften ergeben sich? Gibt es eventuell gar einen Widerspruch zwischen Entscheidungsfähigkeit und akademischer Ausbildung? Inwieweit legen wir schon in unseren Familien und Grundschulen die Keime für Führungsneigung und Führungsfähigkeiten?

Entscheidende Fragen! Unsere Vorstellungen und Prognosen über die künftigen Entwicklungslinien von Wirtschaft und Gesellschaft gehen ja von der impliziten Annahme aus, eine Ressource stelle sich von alleine in ausreichender Menge und Qualität ein: die Unternehmer. Aber Unternehmer fallen nicht vom Himmel. Woher kommen sie eigentlich? Woher die Kinder kommen, kann ich heute meinen Kindern erklären, aber die Frage, woher eigentlich die Unternehmer kommen, diese Frage bringt mich in Verlegenheit. Dabei erfordert die Erwartung, daß wir in einer „Schumpeterian Era" leben, gerade hierauf eine plausible Antwort.

Von den Anforderungen, die künftig an die Unternehmensführung gestellt werden, und von den Möglichkeiten, die wir haben, um den Herausforderungen der Zukunft zu begegnen, handelt dieses Buch.

Es ist kein akademisches Buch und kein Lehrbuch aus der Reihe der vielen Management-Bücher, die in den vergangenen Jahren vor allem aus den Vereinigten Staaten nach Europa gekommen sind.

Es ist eine Sammlung von interessanten „Lehrstücken", und es hat damit den großen Vorzug, aus der Praxis zu stammen. Es verbindet Aufgaben mit Personen, die diese Aufgaben zu den ihren gemacht haben, sie beschreiben und annehmen. Und es beschränkt sich bewußt auf Führung und Unternehmen aus dem deutschsprachigen Teil Westeuropas – allerdings mit Führungsaufgaben, die in den meisten Fällen international oder gar global sind.

Auch wenn es sicherlich nicht umfassend ist – und diesen Anspruch auch gar nicht erhebt –, so ist es doch, meine ich, in gewissem Sinne *repräsentativ,* und das in zweierlei Hinsicht.

1. Es vermittelt einen Überblick über Führungspraxis und Führungsgrundsätze aus einem breiten Spektrum sehr unterschiedlicher Unternehmen nach Branche, Sortimentsbreite, Internationalität. Von der global operierenden Bank wie der Deutschen Bank und Industrieunternehmen wie etwa VW oder Schloemann-Siemag bis zur Deutschen Bundesbahn.
2. In allen Beiträgen wird das Bemühen deutlich, die für die jeweiligen Unternehmer wichtigsten Entwicklungen, die für die kommenden ein bis zwei Jahrzehnte zu erwarten sind, auszumachen und hierauf rechtzeitig geeignete Antworten zu finden.

Führen trotz Unsicherheit über das künftige Umfeld und trotz zunehmender Bedrohung von außen durch aggressive Wettbewerber, das ist ein gemeinsamer Nenner der recht unterschiedlichen Beiträge.

Inhaltlich hat sich für die Ordnung der Beispiele eine Gliederung in drei Abschnitte angeboten:

Der erste Abschnitt befaßt sich unter dem Titel *Das Umfeld verändert sich* mit den absehbaren oder doch recht wahrscheinlichen Entwicklungen im Umfeld der Unternehmen.

Im zweiten Abschnitt steht die Frage im Mittelpunkt, welche *Strategien zur Eroberung der Zukunft* für die veränderten Herausforderungen in Frage kommen und welche aus welchen Gründen gewählt werden.

Die Beiträge im dritten Abschnitt *Anforderungen an die Führung* schließlich konzentrieren sich auf die Führungsqualifikationen und die Frage, wie Führungsneigung und Führungseignung erkannt und gefördert werden können.

Die Thesen zur Führung am Schluß sind kein analytisches Fazit einer wissenschaftlichen Querauswertung aller Beiträge, sondern ein eher persönlich gefärbtes Résumé aus der Lektüre dieser Beiträge und aus den eigenen Erfahrungen, aus einem jahrelangen Umgang mit Führung im eigenen Unternehmen und als Partner und Berater von Unternehmern in der Wirtschaft und in der Politik.

Teil A

Das Umfeld verändert sich

Heik Afheldt:

Veränderungen bestimmen die Entwicklung

Wir finden kaum ein Unternehmen, das eine einigermaßen deutliche Vorstellung davon hat, wie es im Jahre 2000 aussieht, was es produziert, für welche Märkte und an welchen Standorten, mit welchen Mitarbeitern, welchen Maschinen – und welchen Eigentümern.

Und dennoch sind es bis zur Jahrtausendwende kaum mehr als 3000 normale Arbeitstage.

„Alles fließt" – das wissen wir, aber wohin? Und wie können wir die Entwicklung erkennen, für uns nutzen? Kurz gefragt: In welchem Umfeld wird Führung in 15 Jahren stattfinden? Wo liegen Unterschiede zu heute?

F. Vester sagt: „... wenn wir von unserem kostspieligen Reparaturdienstverhalten auf eine vorbeugende und damit profitable Steuerung umschwenken wollen, dann kommen die Antworten zu unseren Problemen aus der Zukunft und nicht von gestern."

Das ist ganz zweifelsfrei richtig. Aber wie sieht diese Zukunft aus; in diesem Lande und rundherum? Wie kann ich

Zukunft erkennen? Es gibt verschiedene Wege – und alle lassen uns mit Unsicherheiten zurück.

Ich kann die Zukunft *entwicklungsgeschichtlich* zu erfassen und zu beschreiben versuchen. Ich kann bei der Beschreibung des Übergangs von einer sogenannten „industriellen" zur „postmateriellen oder postindustriellen Gesellschaft" W. Kahn oder D. Bell oder auch F. Fromm zu Hilfe nehmen. Das ist ein Stück weit hilfreich. Ich erkenne so neue Qualitäten und Quantitäten. Die Merkmale des *großen Übergangs*, wie Hermann Kahn die rund 400 Jahre vom Beginn der industriellen Revolution um 1780 bis zum Jahr 2200 nennt, zeigen die großen Entwicklungslinien:

– von *wenigen* zu *vielen*, unsere Erdbevölkerung wächst rasant;
– von *arm* zu *reich*, noch nie war eine so große Zahl von Menschen wohlhabend;
– von *Erfahrung* zu *Theorie*, die Aufklärung hat uns die Logik als Apfel vom Baum der Erkenntnis gelassen;
– von *primitiv* zu *technologisch*, wir haben uns einen riesigen Werkzeugkasten hilfreicher und gefährlicher Techniken geschaffen;
– von *Chefs* und *Königen* zu *Managern* und *Verwaltern*, Macht und Führung beziehen ihre Legitimation von unten;
– und von *Kapitel* und *Maschinen* zu *Wissen* und *Können*, unsere Wirtschaft beruht auf neuen Produktionsfaktoren, den „human ressources".

Wie entwickeln sich die Volkswirtschaften innerhalb dieser Epoche? Ich kann hier zu *Zyklen-Theorien* Zuflucht nehmen, zu Kuznets oder Kondratieff oder zu Mensch. Sie liefern Hypothesen über die Wachstumsprofile und die „underlying forces", die wir bis 2000 zu erwarten haben.

Wachstumsmotoren sind etwa neue Techniken, aber auch ungedeckte Bedürfnisse einzelner Menschen in unseren Ländern und in den Ländern der Dritten Welt; aber auch kollektive Bedürfnisse wie Schulen, Straßen oder saubere Luft. Wachstumsbremsen dagegen sind alte Strukturen, falsche Ausbildung und überholte Gesetze ebenso wie Protektionismus.

Schließlich kann ich mich bei der Erkundung der Zukunft auch ein Stück weit auf die Trägheit von *Strukturen* verlassen. Verhaltensweisen ändern sich nicht bei allen Menschen von heute auf morgen, Anlagen werden für eine bestimmte Lebensdauer geplant und genutzt, Grenzen bestehen oft länger als wir hoffen.

Wenn ich diese Ansätze zur Erhellung der Zukunft nehme, dann komme ich

- zur *Vermutung* einer längeren Aufschwungphase bis über das Jahr 2000 für die Weltwirtschaft, aber auch für die Bundesrepublik Deutschland,
- zum Bild eines *anhaltenden Strukturwandels* um uns herum, aber auch in unseren Unternehmen.

In *Grafik 1* (siehe S. 22) wird dieses Umfeld aus der Sicht eines Unternehmers skizziert. Dieses Umfeld zu erkennen, zu beschreiben und in seiner Entwicklung vorauszusagen, ist tatsächlich eine mehr als ehrgeizige Aufgabe. Aber sind die frühen Seeleute, die als „merchant adventures" unterwegs waren, nicht auch mit einem beschränkten Wissen über das, was sie bei ihren Fahrten erwartete, gestartet und haben nicht viele ihre Ziele erreicht?

Die Unübersichtlichkeit des Fahrtgebietes „Zukunft" zwingt dazu, dieses vernetzte System Umfeld zu analysieren, wichtige Komponenten von weniger wichtigen zu trennen und einige Elemente dann nacheinander zu betrachten.

Grafik 1

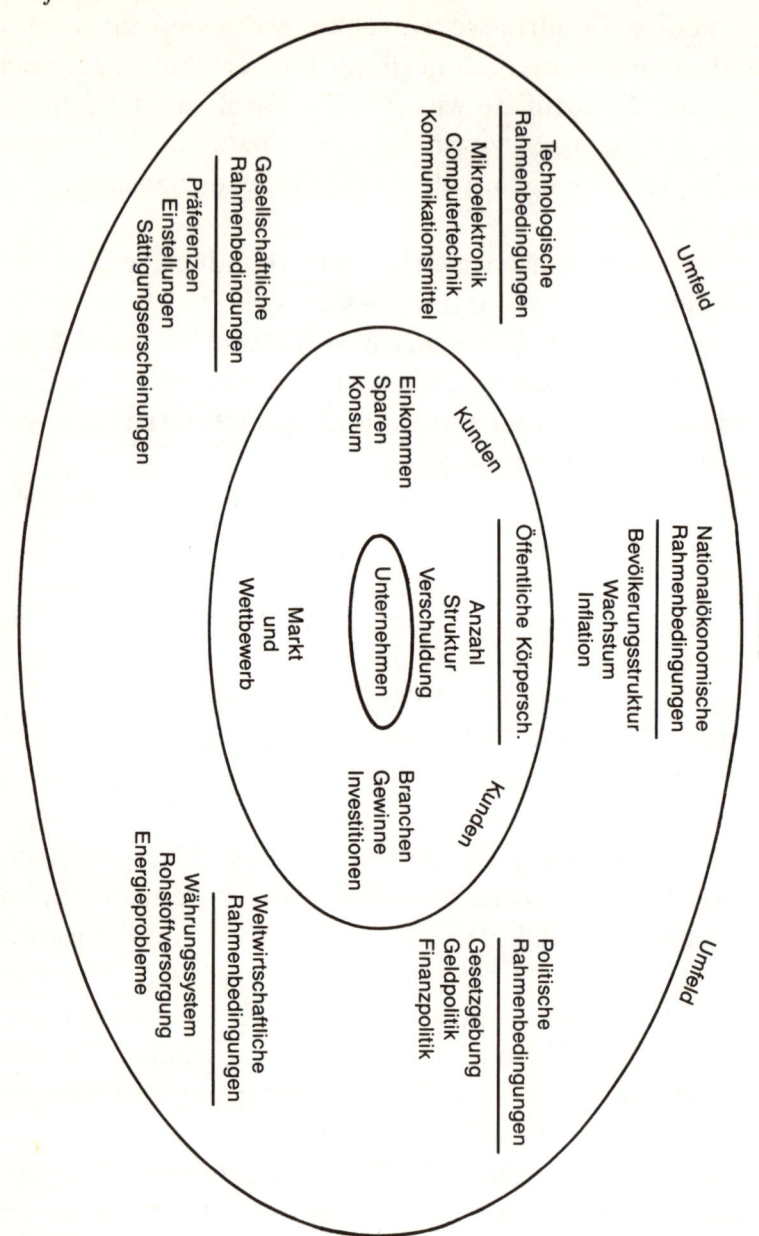

Auszug aus den relevanten Einflußbereichen für ein
Unternehmen des verarbeitenden Gewerbes mit Gewichtung

Grafik 2

\multicolumn{4}{l}{Wirtschaftliche Entwicklung}
Gewicht	Einflußbereiche	Gewicht	Deskriptoren
5	Wirtschaftswachstum	5	– Bruttoinlandsprodukt • Entstehung/Verwendung/Verteilung
		5	– Privater Verbrauch
		4	– Staatsverbrauch
		5	– Investitionen
		3	– Außenbeitrag
5	Welthandel	4	– Internationale Arbeitsteilung
		5	– Protektionismus
		5	– GATT-Politik
		4	– Kartellbildung
		4	– Wirtschaftl. Blockbildung
4	Weltwährungssystem	3	– Freie versus gebundene Wechselkurse
		4	– Internat. Geld- und Kapitalmarkt • Leitwährungen • Kapitalversorgung • Verschuldung
4	Demographie	4	– Bevölkerungswachstum
		5	– Altersstruktur
		5	– Beschäftigung
5	Energie und Rohstoffe	4	– Vorräte/Reserven – Verfügbarkeit – Verbrauch – Substitution/Recycling
5	Technologie/Inf.– und Kommunikationstechnologien	5	– Techn. Fortschritt • Invention • Innovation
		5	– Technologische Strukturverschiebung
		5	– Arbeits-versus Kapitalintensität
		4	– Verschiebung zum tertiären Sektor
5	Oekologie	5	– Umweltbewußtsein
		5	– Administrative Einflußnahme
		4	– Umweltschutzindustrie

Grafik 3   Globale Umweltveränderungen

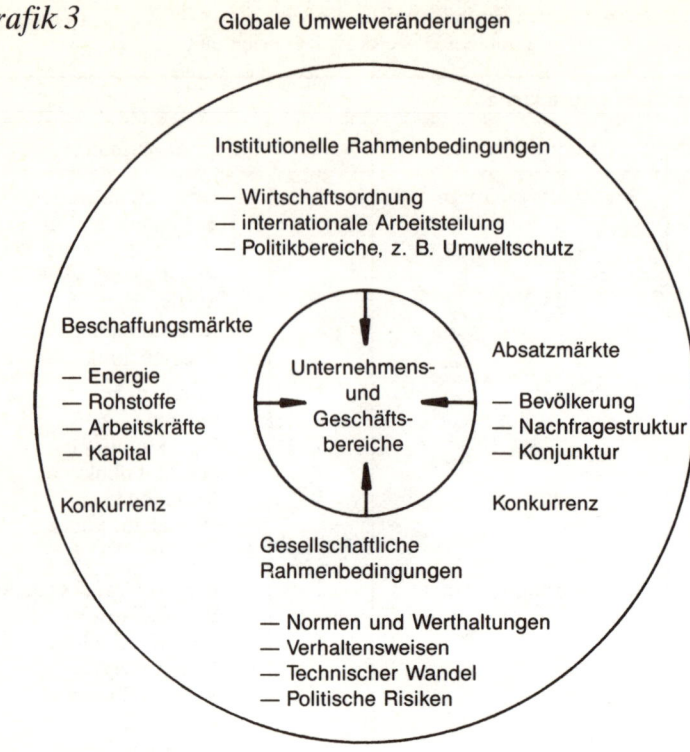

Grafiken 2 und 3 zeigen, wie durch eine weitergehende Strukturierung des Unternehmensumfeldes dieses komplexe System handhabbar gemacht werden kann. Mit einzelnen Deskriptoren läßt sich so ein Beobachtungssystem Unternehmensumfeld einrichten, das der Führung als Seekarte, Radar und laufende Wetterbeobachtung dienen kann. Datenverarbeitung kann bei der Lösung dieser Aufgabe wesentlich helfen.

Vor diesem allgemeinen Hintergrund möchte ich einen kurzen Gang durch die wichtigsten Rahmenbedingungen der Wirtschaft der Bundesrepublik von morgen machen. Ich betrachte dabei

- die Weltwirtschaft und die Entwicklung der internationalen Arbeitsteilung;
- die Technologien von morgen;
- das soziale Umfeld und den erkennbaren Wertewandel;
- die Bevölkerungsentwicklung;
- die künftige Wirtschaft der Bundesrepublik nach Niveau und Struktur;
- sowie das politische Umfeld.

Ich mache dies hier in Stichworten, basierend auf diversen Arbeiten der PROGNOS auf diesen Gebieten und ohne Anspruch auf Vollständigkeit.[1]

1. Weltwirtschaft und internationale Arbeitsteilung

Getrieben von der anhaltenden Bevölkerungsexplosion vor allem in der Dritten Welt um 1,2 Mrd. auf 6 Mrd. in den nächsten 15 Jahren wird weiter wirtschaftliches Wachstum stattfinden. Bedürfnisse und Bedarfe nach *basic goods* und öffentlichen Infrastruktureinrichtungen sowie nach gehobenen Konsumgütern wachsen kräftig: 5 % real p.a. im Durchschnitt in den 40 Anschlußländern, 2 – 2,5 % in den sogenannten wohlhabenden Industrieländern des OECD-Blocks, das sind die zahlenmäßigen Perspektiven (vgl. *Grafik 4*). Die Länder des Ostblocks werden Mühe haben, diesen Wachstumspfad ebenfalls zu erreichen. Entscheidend für den Durchschnitt ihrer Wachstumsraten wird dabei der Weg sein, den China in den nächsten Jahren nimmt.

In keinem Land ist eine gradlinige Entwicklung zu erwarten, sondern zyklische Entwicklungen mit strukturellen und konjunkturellen Rückschlägen. Die sozialen Gefälle werden dabei nicht in den Industrieländern (USA) und erst recht nicht in den Dritte-Welt-Ländern verschwinden, eher im Gegenteil.

Die Integration der Weltwirtschaft wird weiter voranschreiten. Immer mehr Unternehmen und Staaten werden am Markt mitspielen wollen. Der Welthandel und damit die Export- und Importquote steigen weiter. Dienstleistungen werden ihren Anteil am Welthandel von heute schon 30 % weiter ausdehnen. Information als Gut wird diesen Prozeß begleiten – aber auch zu einem selbständig gehandelten Produkt werden. Trotz der Integrationstendenzen wird leider der Hang zum Protektionismus mitwachsen.

Direktinvestitionen in Wachstumsmärkten und in stark protektionistischen Märkten werden das weltweite Standortmuster verändern. Produktionen, die eben noch als Folge des Lohnkostengefälles in die Niederlohnländer ausgewandert sind, wandern in dem Maße in die Industrieländer zurück, in dem Automaten die Arbeiten schneller und zuverlässiger machen und damit die Standortfaktoren „Kapitalkosten" und „Wartungsqualität" an Gewicht gewinnen.

Die Führugsaufgaben werden insgesamt also sehr viel „internationaler", nicht nur von den Märkten, sondern auch von den Mitarbeitern her, und die Entscheidungen komplexer.

Grafik 4

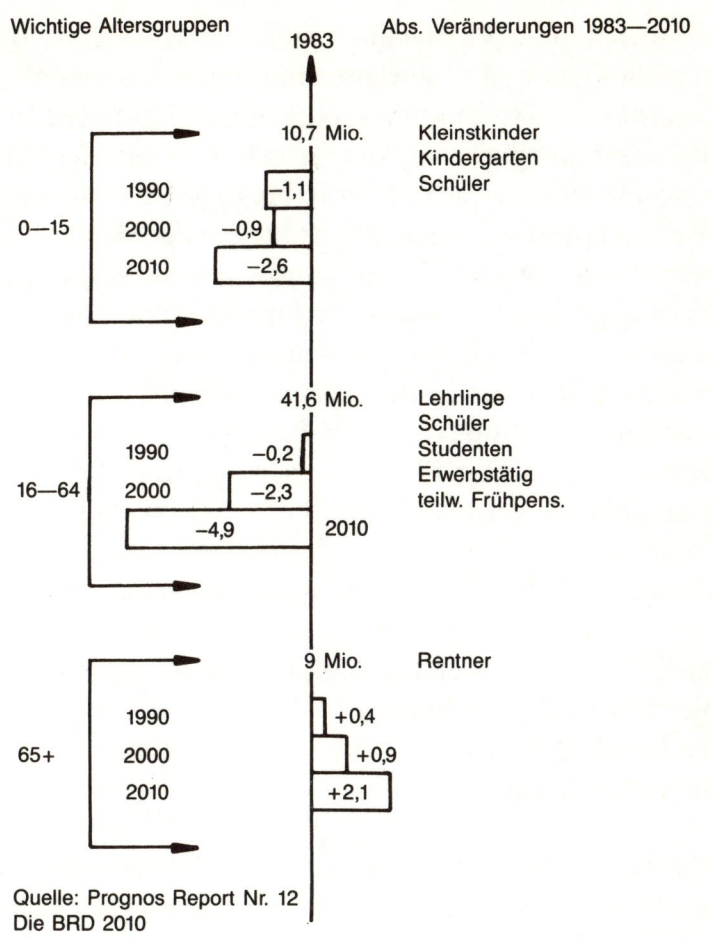

Quelle: Prognos Report Nr. 12
Die BRD 2010

2. Neue Technologien

Die sogenannten Basistechnologien wie Mikroelektronik, Biotechnologie und Materialtechnik mit ihren vielfältigen und vernetzten Anwendungsbereichen, sei es in der Informationstechnologie, der Meerestechnik oder der Optoelektronik, bringen in rascherer Folge neue Prozesse zur Anwendungsreife und neue Produkte auf die Märkte. Aber sie verändern darüber hinaus mutmaßlich die gesamten Informationsströme und auch die Finanzströme nachhaltig. Sie führen zu fast „idealen globalen Märkten" und einer ungeahnten und unbekannten Konkurrenzintensität. Halbwertzeiten von Produkten und Prozessen verringern sich deutlich. Investitionsrisiken wachsen, die Kapitalproduktivitäten nehmen vermutlich ab, die Arbeitsproduktivitäten eher zu.

Hauptanwendungsbereiche der neuen Technologien sind

– die Organisations- und Kommunikationstechniken;
– die Automationstechniken;
– die Bearbeitungs- und Verfahrenstechniken;
– die Entwicklung neuer Materialien.

Die Wirkung dieser Technologien: Die Überwindung von scheinbaren oder tatsächlichen Engpässen im Bereich Energie, Rohstoffe, Ernährung, Kommunikation und Verkehr und eine wachsende Bedeutung der Informationen über Märkte und über Kunden. Führung muß diese technischen Möglichkeiten erkennen und nutzen.

3. Der soziale Wandel / Wertewandel

Zu diesem Stichwort gibt es viele Spekulationen und wenig wirklich überzeugende Theorien. Ich möchte mich hier auf eine umfangreichere Diskussion der Phänomene und Theorien zum sozialen Wandel oder zur „new-age-Bewegung" nicht einlassen. Lassen Sie mich stattdessen einige Zitate von Jugendlichen aus unserer Untersuchung im Auftrag der Enquête-Kommission „Jugendprotest im demokratischen Staat" des Deutschen Bundestages zur Arbeitswahl bringen:

„Bei dem Leistungsdruck ist es ja auch nicht so, daß man das Gefühl hat: Wenn ich selber mehr schaffe, dann stehe ich besser da, sondern es geht meines Erachtens oft nur darum, daß man den anderen fertigmacht. Im Prinzip bringt es ja nichts" (die Landjugend).

„Es ist also viel zu viel zu tun, man muß furchtbar viel behalten, man muß sich selbst sehr zurückstellen, seine eigenen Launen oder Wünsche oder Vorstellungen und ähnliches, man muß alles schön zu Hause lassen, hinter sich abschließen" (Unauffällige).

„Ich würde gern viel und weit reisen, Leute kennenlernen, dafür würde ich auch gerne weniger verdienen, wenn ich dann Monate abzischen könnte. Überhaupt müßte schon die Arbeit so gestaltet sein, daß keine Rollen fixiert sind und es möglich ist zu arbeiten und dann wieder wegzufahren" (Unauffällige).

Und schließlich: „Ich will ja nicht sagen, daß Arbeitsteilung im Prinzip für sich schlecht ist – es muß ja nicht jeder seine Bäckerei haben –, aber ich könnte mich ja beispielsweise mal abwechseln mit dem Bäckertypen, der morgens um 4.00 Uhr aufsteht und Brötchen macht. Man könnte solche Sachen sogar so weit verwirklichen, daß sie noch ökonomisch wären – vielleicht sogar genauso ökonomisch wie es jetzt läuft. Aber uns geht es ja darum, die Leute so stumpfsinnig wie nur möglich zu beschäftigen – als totale Beschäftigungstherapie von vorne bis hinten" (Hausbesetzer).

Ein weiteres Zitat stammt aus einem Interview von Birgit Lachmann mit den Spitzenpolitikern der deutschen CDU und SPD, Helmut Kohl und Jochen Vogel, abgedruckt im Stern. Auf die Frage: „Was würden Sie tun, wenn Sie aussteigen müßten?" Kohl: „Ich würde Bauer werden, ganz klar." Vogel: „Ich würde mich stehenden Fußes nach Birnbach begeben, zu Büchern, Schafen und Obstbäumen."

Ich finde diese Zitate interessant, weil wir aus ihnen zweierlei sehen können: Die Wunschwelten sind zwischen Erwachsenen und Jugendlichen gar nicht so fundamental unterschiedlich. Aber unterschiedlich sind die Bereitschaften, die Zwänge, den Leistungsdruck zu akzeptieren. Und: Nicht nur die künftigen Mitarbeiter, sondern auch die Führer werden vom Wertewandel erfaßt.

Was können wir hieraus für das Verständnis des Wertewandels lernen? Wenn ich es einfach mache, kann ich sagen, entsprechend der Theorie der Bedürfnispyramide (Maslow) gewinnen, nachdem die Grundbedürfnisse Ernährung, Bekleidung und Behausung für die meisten ordentlich befriedigt worden sind, Selbstverwirklichung und Emanzipation immer stärker an Bedeutung. Die Menschen entwickeln eine veränderte Einstellung zu ihrer sozialen und natürlichen Umwelt und zu sich selbst. Aussteigermentalität und Protestbewegung kennzeichnen dabei nur extreme Erscheinungsformen. Positiv geht es um mehr Selbstverwirklichung im Arbeitsleben wie im gesellschaftlichen und privaten Bereich. Hieraus resultieren eine ganze Reihe wichtiger Entwicklungen. Im Raster der Volkswirtschaftslehre heißt das: Auf der *Einkommensentstehungsseite:*

- zunehmende Erwerbsbeteiligung der Frauen;
- flexiblere Arbeitszeitgestaltung;
- rückläufige Bedeutung der Einkommensmaximierung als Leistungsmotiv;
- Wachsendes Gewicht nicht marktmäßig erfaßter Leistungen (Schattenwirtschaft).

Auf der *Einkommensverwendungsseite:*

- Höherbewertung des Wohnens und des Wohnumfeldes;
- steigende Bedeutung von Freizeitausgaben und
- abnehmende Wegwerfmentalität.

Und mit Blick auf den *Staat*:

- Grenzen der Bereitschaft, Abgaben für fremdbestimmte Kollektivleistungen zu zahlen, mit der Folge
- künftig geringerer Ausgabenanstiege;
- Umstrukturierung der öffentlichen Aufgaben und Ausgaben;
- Dezentralisierung der Entscheidungen;
- Unsicherheiten über die zweckmäßigen politischen Rahmenbedingungen oder die Rolle des Staates in Wirtschaft und Gesellschaft.

So weit einige Auswirkungen des Wertewandels. Auf eine Kurzformel gebracht könnte man auch sagen: Ein Merkmal der heutigen Situation ist es, daß für viele Menschen materielle Knappheiten „knapp" geworden sind und damit neue Knappheiten eine neue Wertschätzung gewinnen. Beispiele für neue Knappheiten: soziale Kontakte, Abenteuer, menschliche Wärme, angstfreie Zustände.

4. Die „unruhige" Bevölkerung

Im Jahre 2000 wird es in der Bundesrepublik Arbeitskräftemangel geben. Wir rechnen zwar auch dann noch mit ca. 1 Mio. Arbeitslosen und insgesamt 1,7 Mio. weniger Erwerbspersonen als zum Höhepunkt der demographischen Entwicklung im Jahre 1989, aber junge, neu ausgebildete Fachleute werden schon früher zu einem sehr „knappen Gut" – sie können entsprechend ihre Vorstellungen am Arbeitsmarkt weitgehend durchsetzen.

Starke Veränderungen erfährt die Besetzung einzelner Altersgruppen. Es entstehen neue Märkte, aber auch neue Aufgabengewichte für die öffentliche Infrastrukturpolitik (*Grafik 5*).

Die Gesamtbevölkerung wird nur auf etwa 60,4 Mio. zurückgehen, aber die Zahl der deutschen Einwohner wird nur noch 54,5 statt heute 57 Mio. betragen. Die Zahl der Ausländer bleibt eine unsichere Prognose. Wir gehen von wahrscheinlichen 4,6 Mio. aus.

Die Entwicklung der Bevölkerung in der Bundesrepublik wird in starkem Kontrast zur übrigen Welt, vor allem zur Dritten Welt stehen. Aber auch in Ländern wie Großbritannien und Frankreich wird um das Jahr 2000 noch ein starker Bevölkerungszuwachs vor allem bei den Erwerbspersonen stattfinden. Es ist zu erwarten, daß die Verhaltensweisen in der Bundesrepublik von der Erfahrung der Stagnation und der Erwartung des Bevölkerungsrückgangs jenseits der Jahrtausendgrenze stark bestimmt werden.

Grafik 5

GROSS DOMESTIC PRODUCT BY INDUSTRY OF ORIGIN 1975 – 2000
(at 1980 Prices)

All Aktivities (GDP)   Annual Growth Rates

	1975-1985	1985-1991	1991-2000
Austria	2.5	3.0	2.8
Belgium	1.7	1.8	1.8
Canada	2.8	1.6	2.5
Denmark	2.4	2.3	2.5
France	2.1	2.2	2.1
Germany (F.R.)	2.2	2.3	2.4
Greece	2.5	3.8	3.5
Ireland	3.2	2.7	3.3
Italy	2.3	2.4	1.9
Japan	4.4	3.6	3.9
Luxembourg	2.1	1.8	1.8
Netherlands	1.5	1.9	2.0
Norway	3.7	2.7	3.4
Portugal	3.1	4.5	3.9
Spain	1.6	2.8	3.0
Sweden	1.5	2.2	2.1
Switzerland	1.5	1.8	1.8
United Kingdom	1.6	2.0	2.4
United States	3.0	2.8	2.8
EC	2.0	2.3	2.3
Western Europe	2.0	2.3	2.3
All countries	2.7	2.7	2.8

Quelle: PROGNOS EURO-REPORT 87 „Industrieländer 2000"

5. Die Wirtschaft in der Bundesrepublik nach Niveau und Struktur

Im Jahre 2000 werden wir auf eine *lange Wachstumsphase* mit gut 2 % realem Wachstum pro Jahr zurückblicken. Allerdings werden wir andere Warenkörbe und damit andere Entstehungsstrukturen haben.

Der Anteil des *verarbeitenden Gewerbes* am Bruttosozialprodukt wird auf 30 % weiter zurückgehen, noch einmal mindestens 1 Mio. Arbeitsplätze werden hier fortfallen. Dafür wachsen die Dienstleistungen, hier vor allem die sonstigen Dienstleistungen mit vielen neuen und bunten Tätigkeiten. Es wachsen auch die „Organisationen ohne Erwerbscharakter" und der Staat, wenn auch letzterer nur noch mit geringen Zuwachsraten.

Das *verfügbare Einkommen* wird ebenfalls gestiegen sein, die Ausgabenstruktur sieht aber gegenüber heute sehr anders aus. Das Erlebnisstreben, das das Warenstreben z.T. ersetzt, wird zu einem deutlichen Anstieg der Ausgaben für Unterhaltung, Freizeit, Kultur und Bildung führen, während die „basic needs" wie Nahrung und Bekleidung weiter an relativem Gewicht verlieren werden. Die Ausgaben für Wohnen werden zusammen mit wachsenden Wohnansprüchen eher weiter steigen.

Insgesamt wird die Wirtschaft durch eine deutlich *höhere internationale Verflechtung* gekennzeichnet sein. Die Exportquoten werden dann 45 % gegenüber heute 30 % erreicht haben, die Importquoten werden ebenfalls deutlich höher liegen. Viele ausländische Unternehmen werden in der Bundesrepublik produzieren, vertreiben und beraten.

Der *Anteil der Frauen* in der Arbeitswelt wird weiter gestiegen sein, der Anteil der Teilzeitbeschäftigten ebenfalls

– zwei Entwicklungen, mit denen die Führung rechnen muß. Flexible Arbeitszeitformen werden zugenommen haben. Ob wir dann schon bei den 20 000 Lebensarbeitsstunden nach André Gorz sind, bleibt eine Frage. Wir rechnen damit, daß auch in Zukunft mindestens 1 % Arbeitszeitverkürzung pro Jahr stattfinden wird. Die durchschnittliche jährliche Arbeitszeit wird im Jahr 2000 etwa 1.300 Stunden betragen.

Gewachsen sein wird sicherlich auch die sogenannte informelle Wirtschaft oder Schattenwirtschaft mit ihren beiden Beinen, der Selbstversorgungswirtschaft und der Untergrundwirtschaft. Unser unseliger Hang zur Überreglementierung und die zunehmende Belastung der „offiziellen Tätigkeiten" durch den Fiskus sind hierfür ebenso verantwortlich wie die Lust zum Selbermachen und die dafür künftig reichlicher verfügbare Zeit.

6. Politischer Rahmen

Prognosen der Entwicklung der politischen Rahmenbedingungen sind naturgemäß besonders unsicher, aber es lassen sich dennoch einige Tendenzen ausmachen, die in fast allen Ländern, die sich auf einer ähnlichen Entwicklungsstufe befinden, erkennbar sind.

Ich denke, daß sich bis 2000 die liberalen Elemente weiter verstärkt haben werden. Eine bewegliche Politik wird eine regulative Politik abgelöst haben, gleichgültig welche „Farbe" die Regierung hat. Die politischen Tätigkeiten werden sich auf wenige strategische Felder beschränken, im übrigen wird der Staat in stärkerem Maße Moderatoren-

und Katalysatorenfunktionen wahrnehmen. Besondere Bedeutung werden die Sicherheit (innere und äußere) und die Umwelt, die in einem weiteren Sinne auch zur „Sicherheit" zählt, erhalten. Damit einhergehen könnte eine Stärkung der Dezentralisierung, der Eigenverantwortung der unteren Gebietskörperschaften. Allerdings gehört hierzu dann auch eine entsprechende Verlagerung der Ressourcen, d.h. eine weitergehende Finanzreform. Zu erwarten ist auch eine Stärkung von regionalen Wirtschaftskreisläufen auf der einen und von internationalen Wirtschaftskreisläufen auf der anderen Seite.

F. Wilhelm Christians:

Evolution statt Revolution

Konsequenzen für unternehmerisches Handeln morgen

Die geistige Auseinandersetzung mit der Problemwelt „Unternehmensführung 2000" entspringt nicht einer futuristischen, ansonsten unbedeutenden Neigung einer kleinen Zahl von Wirtschaftsautoren; sie ist vielmehr unmittelbarer Ausfluß vorgreifender unternehmerischer Verantwortung.

Wenn auch unternehmerisches Handeln heute durch eine zunehmende Zahl täglicher ad-hoc-Entscheidungen gekennzeichnet ist, so verlangt doch eine verantwortliche Unternehmensstrategie langfristige Weichenstellungen, die zwangsläufig auf politische, wirtschaftliche und soziale Prognosemodelle aufgebaut werden müssen. Die schon heute sich abzeichnenden weltweiten Interdependenzen, die sich nicht zuletzt in der hohen Exportabhängigkeit der deutschen Wirtschaft widerspiegeln, erfordern es, den politischen Radius der Betrachtungen hinreichend dimensioniert zu wählen.

Ausgangspunkt aller Überlegungen muß zwangsläufig die Frage sein, wie sich das Verhältnis der Supermächte zueinander entwickeln wird. Vieles spricht heute dafür, daß gute Aussichten bestehen, in eine neue Phase der Entspannung einzutreten. Nicht allein das Faktum der gegenseitigen Geiselnahme, das einseitige Feldvorteile fast sicher ausschließt, ist hierfür verantwortlich; auch die enormen Militärausgaben beider Supermächte, die in den USA zur Erhöhung des Budgetdefizits, in der UdSSR zur unveränderten Hintanstellung des privaten Konsums beigetragen haben, erfordern ein Umdenken und Umlenken der Ressourcen. Das Bewußtsein für diese Problemlage scheint auf beiden Seiten gestiegen zu sein. Dies gibt Hoffnung, daß nicht nur die Militärarsenale, sondern auch die Antagonismen auf vielen Krisenplätzen der Erde, auf denen die Interessen der Supermächte aufeinanderstoßen, abgebaut werden können. Die politische Stabilität Westeuropas und damit der Bundesrepublik Deutschland wird vor diesem Szenario tendenziell zunehmen. Unsere exponierte geographische Lage veranlaßt gleichwohl, zumindest im konventionellen Bereich eine annähernde balance of power zu bewahren.

Eine weitere friedensstabilisierende Wirkung dürfte auch von den zunehmenden internationalen Wirtschaftsverflechtungen ausgehen. Die weltweite Arbeitsteilung, die sich zunehmend abzeichnet, verlangt geradezu nach Vertrauen in die Vertragstreue des anderen. Rückblickend hat sich hier gezeigt, daß es gerade die Wirtschaftsbeziehungen waren, die auch in Krisenzeiten letzte Basis für offene Gespräche boten, an die auf politischer Ebene wieder angeknüpft werden konnte.

Schließlich werden auch die neuen Kommunikationstechniken zur Friedenssicherung und zum Abbau von vorurteilsbehafteten Feindbildern beitragen. Jederzeit zugängliche Informationen über Menschen, Kulturen und Gewohnheiten in anderen Ländern, so bleibt zu hoffen, werden das gegenseitige Verständnis der Völker untereinander stärken; dies setzt natürlich einen freien, ungefilterten Informationsaustausch voraus, von dem wir leider, was die UdSSR und ihre Verbündeten betrifft, trotz der neuesten Reformbemühungen noch ein Stück entfernt sind.

Die aufgezeigten Tendenzen geben zu der berechtigten Hoffnung Anlaß, daß wirtschaftliches Agieren zu Beginn des 21. Jahrhunderts eher weniger denn mehr Turbulenzen seitens der Weltpolitik ausgesetzt sein dürfte. Es wäre jedoch blauäugig, den weiter fortbestehenden Antagonismus der unterschiedlichen Gesellschafts- und Wirtschaftssysteme zu negieren. Die existenzbedrohende Wirkung wird aber dann deutlich verringert werden können, wenn es gelingt, den Gegensatz ausschließlich in friedlichen wirtschaftlichen Wettbewerb übergehen zu lassen – wie schon heute unter den westlichen Industriestaaten. Ohne Aufgabe der sowjetischen Doktrin von der Weltvorherrschaft des Kommunismus wird es freilich nicht zu erreichen sein, die gegenwärtige Situation des instabilen Nicht-Krieges zu überwinden.

Ein weltpolitischer Ausblick kann nicht abschließen, ohne China als kommende Weltmacht in die Überlegungen einzubeziehen. Die erstaunlichen aktuellen Entwicklungen in diesem Land lassen vermuten, daß China außenpolitisch auch langfristig einen „dritten Weg" ansteuern wird, der begleitet wird von einer – im Weltvergleich – überproportional wachsenden Wirtschaftskraft. Da die Chinesen in Wirtschaftsfragen wesentlich pragmatischer und flexibler agieren als die ideologisch stärker eingebundenen Russen, ist zu vermuten, daß der Wettbewerb der Wirtschaftssysteme noch heftiger zwischen der UdSSR und China als zwischen Ost und West ausgetragen werden wird. Mit dem

Hongkong-Abkommen hat die chinesische Führung ihre pragmatische, zeitlich weit vorgreifende Haltung unter Beweis gestellt. Die stärkere Einbindung Chinas in den Welthandel wird auch die stärkere Integration des Landes – insbesondere in die Interessengemeinschaft der pazifischen Länder – bewirken.

Vor diesem weltpolitisch stabilen Zukunftsmodell lassen sich auch für die Bundesrepublik Deutschland auf Kontinuität beruhende Rahmenbedingungen in die Zukunft projizieren. Wer 14 Jahre zurückschaut, wird, verglichen mit heute, kaum eine Änderung der wirtschaftlichen und sozialen Gegebenheiten konstatieren können – eher haben sich in den letzten Jahren die Umweltbedingungen für unternehmerisches Handeln verbessert. Diese Kontinuität der Rahmendaten, die man, ohne politisch kurzsichtig zu sein, auch für die kommenden 10 oder 20 Jahre unterstellen darf, ist letztlich Ausfluß einer überlegenen Wirtschaftsordnung, die jedem einzelnen ein Maximum an individueller Entfaltungsmöglichkeit bietet, ohne die Benachteiligten dieser Gesellschaft zu vernachlässigen oder gar zu vergessen. Kennzeichen für die Stabilität dieser Ordnung ist schließlich auch, daß die deutschen Gewerkschaften diese – trotz aller Kritik – nie ernsthaft in Frage gestellt haben. Die breite Bejahung der sozialen Marktwirtschaft ist neben der Stabilität der demokratischen Institutionen Gewähr für ein freies unternehmerisches Agieren auch bis in das kommende Jahrtausend hinein. Gefahrenquelle ist allerdings das deutsche Hadern mit dem eigenen Fatum, die Kultivierung der eigenen Ängste, was die Deutschen in vielerlei Hinsicht zur psychologisch anfälligsten Gesellschaft Westeuropas macht. Den europäischen Imperativ durch neutralistisches Wunschdenken zu ersetzen, ist die eigentliche Gefahr, die der Bundesrepublik zum Ausklang dieses Jahrhunderts droht.

Die oben skizzierte Kontinuität des künftigen weltpolitischen und nationalen Umfelds, conditio sine qua non für jede langfristige, zukunftsgerechte Planung, darf hingegen nicht zu der Annahme verleiten, künftiges unternehmerisches Handeln sei gleichsam unter linearer Fortschreibung aller wirtschaftlichen Rahmendaten auch künftig ein Abbild der heutigen Problemwelt. Noch sicherer als die Beständigkeit der heute wie hoffentlich morgen geltenden gesellschaftlichen Werte darf ein sich ständig beschleunigender Strukturwandel in allen Wirtschaftsbereichen prognostiziert werden, der sich, vereinfacht dargestellt, in außenwirtschaftlichen, binnenwirtschaftlichen und unternehmensinternen Feldern vollzieht.

Strukturwandel wird in der Öffentlichkeit häufig mit Sanierungsplänen, Beschäftigungsabbau und volkswirtschaftlichen Verwerfungen in verschiedenen Teilen der Welt verbunden. Das ist teilweise sicherlich richtig, verwechselt aber Ursache und Wirkung. Faktoren wie die derzeitige internationale Verschuldungssituation, der Verfall des Ölpreises bis Mitte 1986 und die Aktivierung einer Wechselkurspolitik durch die Plaza-Beschlüsse der internationalen Notenbanken vom September 1985 sind Tatbestände, die gegenwärtig den Strukturwandel beschleunigen und modifizieren. Das gleiche gilt auch für das Vordringen der Mikroprozessoren, der Informations- und Kommunikations-Technologie sowie der Bio- und Gen-Technologie. Die wenigen aufgezählten Beispiele mögen verdeutlichen, daß Strukturwandel nicht allein als volkswirtschaftlich-defensives Reagieren auf abrupt geänderte Rahmendaten zu verstehen ist, sondern daß Strukturwandel selbst eine originäre Stütze des wirtschaftlichen Wachstums ist. Neue Produkte, neue Produktionsmethoden und neue Märkte sind für ein Land wie die Bundesrepublik insofern existenziell, als die klassischen Produktionsfaktoren Arbeit, Kapital und Boden zunehmend an Bedeutung verlieren. Die Lösung unserer Zukunftsaufgaben erfordert daher mehr denn je den Einsatz jener Faktoren, an denen wir reich sind: technische Phantasie, subtiler Erfindungsgeist, problemlösende Kreativität: den „vierten" Produktionsfaktor. Hierin wird auch die ordnungspolitische Bedeutung des Strukturwandels deutlich. Produkt- und Produktionsinnovation zerstören unaufhörlich die jeweils gegebene Wirtschaftsstruktur von innen heraus. Auf diese Weise vollzieht sich die stetige Erneuerung unserer wettbewerblich organisierten Wirtschaftsordnung.

Strukturwandel als außenwirtschaftliches Phänomen

Schon die 80er Jahre sind durch ständige Zunahme der weltwirtschaftlichen Interdependenzen in Richtung hin auf einen globalen Markt gekennzeichnet. In der Bundesrepublik findet dies Ausdruck darin, daß in der Vergangenheit das Wachstum der Exporte im Verhältnis zum Wirtschaftswachstum rascher verlaufen ist. Die deutsche Volkswirtschaft ist in ihrer Existenz wesentlich mehr als früher von der Weltwirtschaft und damit der weltweiten Konjunktur abhängig geworden. Wenn die Integration der deutschen Wirtschaft politische Aufgabe von nationaler Souveränität und Zuständigkeit bedeutet, so ist sie unternehmenspolitisch als Verlagerung der Orientierungspunkte für die Unternehmensplanung zu verstehen. Die Erschließung und Absicherung weltweiter Absatzmärkte hat heute selbst in mittelständischen Unternehmen eine überragende Bedeutung gewonnen. Darüber hinaus sind Unternehmensführungen ständig gefordert, am Maßstab „weltweiter Markt" festzustellen, ob ihre Produkte noch wettbewerbsfähig sind. Denn die gewachsene Integration der Bundesrepublik in den Weltmarkt fiel zeitlich zusammen mit einem deutlichen Terraingewinn Japans und der sogenannten Schwellenländer, die mit ihren Produkten eine Konkurrenz der deutschen Wirtschaft sowohl auf dem Weltmarkt als auch auf dem Binnenmarkt wurden. Insbesondere das enorm hohe Lohngefälle sorgte bei uns für die These, daß wir unsere Wettbewerbsfähigkeit nur dann halten können, wenn wir ständig technologisch anspruchsvollere Produkte herstellen, die nicht ohne weiteres in Billigländern imitiert werden können. Dies trifft sicherlich für viele Bereiche, insbesondere Konsumgüter, zu; dennoch ist in letzter Zeit festzustellen, daß durch enorme Anstrengungen im Bereich der Produktionsinnovationen Fertigungsprozesse geschaffen wurden, die aufgrund ihrer hohen Produktivität und geringen „Lohnanfälligkeit" die Herstellung vormals ausschließlich in Billigländern produzierter Waren bei uns wieder ermöglichen. Diese im Umbruch begriffenen Arbeitsteilungen im internationalen Wettbewerb verlangen von dem einzelnen Unternehmer ständige Beobachtung und hohe Reaktionsfähigkeit. Neben der Bejahung permanenter Produktinnovation hat er sich zudem mit der schwierigen Frage auseinanderzusetzen, ob und wo Auslandsinvestition, also Handeln oder Produzieren vor Ort, der bessere Weg sein kann, um die langfristigen Unternehmensziele zu verwirklichen. Da die Dynamik dieser Problemstellungen in den nächsten Jahren und Jahrzehnten eher noch zunehmen wird, wird der Unternehmertypus des Jahres 2000 sprachgewandt und für das Wirtschafts- und Kulturleben anderer Völker mental weit geöffnet sein müssen. Dies wird zur Jahrhundertwende nicht mehr – wie heute – als elitäres Qualifikationsmerkmal, sondern als Basisvoraussetzung verstanden werden.

Die skizzierte Globalisierung der Märkte, unterstützt durch moderne Informations-Technologien und immer kürzer und billiger werdende Transportwege, gewährt zudem keinerlei hinreichenden Produktvorsprung mehr, auf dem sich ausruhen ließe. Das wissen am besten die Japaner selbst, die als zweitgrößtes Industrieland zum Ausklang des 20. Jahrhunderts Schwellenländer wie Korea und Taiwan als Wettbewerber vor der Haustür entstehen sehen – in einer Rolle, die Japan selbst in den 60er und 70er Jahren als aggressiver Aufsteiger überaus erfolgreich wahrgenommen hat. Der hierdurch bedingte wachsende Wettbewerbsdruck gerade in Konsumartikeln hat neben der Verlagerung von Produktionsstandorten auch zur Verfeinerung der Marktforschung beigetragen: Untersucht werden nicht mehr allein aktuelle Verbrauchsgewohnheiten, sondern das Aufspüren sich abzeichnender Trends für die künftige Lebensführung der Konsumenten wird immer bedeutsamer. Die Aussagefähigkeit und prognostische Genauigkeit dieses „Lifestyle Research" wird künftig mehr denn je für den wirtschaftlichen Erfolg eines Unternehmens von Bedeutung sein. Hier werden künftig nicht nur die Marketing-Spezialisten gefordert: Der sich abzeichnende Wechsel vom globalen Nachfrage- zum Angebotsüberhang wird ebenfalls dafür sorgen, daß der gesuchte Ingenieur des Jahres 2000 nicht allein sein technisches Spezialfach beherrscht, sondern daß er darüber hinaus auch in der Lage ist, sich mit Marketing und Design, mit wirtschaftlichen, gesellschaftlichen und ökologischen Fragen auseinanderzusetzen. Er wird nicht nur in der Welt der Zahlen, Fakten und physikalischen Gesetze, sondern auch in der Welt der Bedürfnisse, Gefühle und Ästhetik zu Hause sein müssen.

Diese Forderung nach interdisziplinärem Denken wird in unseren gegenwärtigen klassischen Ausbildungsgängen sicherlich noch sträflich vernachlässigt. Auf dieses Thema wird weiter unten noch einzugehen sein.

Den veränderten Strukturen der internationalen Warenströme werden natürlich auch die Kapital- und Finanzströme folgen. Da ist es nur konsequent, wenn die Bundesbank die Restliberalisierung des deutschen Kapitalmarktes fördert. Immerhin ist die Deutsche Mark – konvertibel bereits seit 1958 – die zweitwichtigste Reserve- und Anlagewährung. Der Begriff „Globalisierung" ist auch an den wichtigsten Finanzplätzen der Welt en vogue. Der Trend zur Internationalisierung wird durch die zunehmende Securitisation, die Ablösung von klassischen Krediten durch Ausgabe von fungiblen Anleihen, gestützt, die weltweit rund um die Uhr in allen Währungen handelbar sind. Nur dieses zeigt, daß auch auf das Finanzmanagement eines Unternehmens Anforderungen zukommen, die einen international ausgerichteten Blickwinkel erfordern.

Welches sind nun die Aspekte der künftigen Entwicklung auf wichtigen Feldern unseres Exports? Da ist zum Beispiel die Frage, ob wir auf dem Weg hin zu einem geeinten Europa weitergehen, was mehr bedeuten muß als den Abbau von Binnenzöllen und die Schaffung eines gemeinsamen Außentarifs. Ein ungehinderter Binnenmarkt verlangt die Beseitigung der steuerlichen und sonstigen nichttarifären Handelshemmnisse, um einen freien Verkehr von Kapital und Dienstleistungen zu ermöglichen. Wir sollten nicht vergessen, daß die Bundesrepublik immerhin fast 50 % ihrer Exporte in Europa absetzt. Die geringe politische Handlungsfähigkeit der EG und die exzessive Selbstbeschäftigung von jetzt 12 Mitgliedern mit administrativen Aufgaben produziert zudem außenwirtschaftlichen Druck auf Europa. Wie oft sprechen wir schon von dem Handelskrieg zwischen den USA und der EG. Um solche Scharmützel in Zukunft zu vermeiden, muß für die Amerikaner erkennbar werden, daß hier ein ernstzunehmender, weil mit einer Stimme auftretender Partner existiert, der das ganze westeuropäische Gewicht in die Waagschale werfen kann. Des weiteren haben wir wohl in der Vergangenheit die Bedeutung des pazifischen Beckens und hier insbesondere Japans zu wenig ernst genommen. Hier liegt noch ein bedeutendes Potential für unsere Wirtschaft. Freilich ist der japanische Markt schwer aufzubrechen. Nicht nur der Sprache wegen herrscht fast so etwas wie Berührungsangst.

Jedoch haben in Produktqualität und Image deutsche Waren eine gute Ausgangslage. Dort finden wir auch eine relativ geringe Preissensibilität im Vergleich zu anderen Drittmärkten. Die schwache Präsenz deutscher Unternehmen auf dem japanischen Markt und das positive Image deutscher Produkte stehen jedoch in einem krassen Gegensatz. Die langjährige Beobachtung der Situation vor Ort zeigt: Japan ist für viele deutsche Exporteure ein „weißer Fleck" geblieben. Strategische Schwächen beziehen sich auf „After Sale Service", Lieferpolitik und Distribution, d.h. auf Dimensionen der Kundennähe. Für die Zukunft muß die Schlußfolgerung daraus heißen, daß es nicht reicht, gute Produkte nach Japan zu liefern, sondern daß auch kundennahe Präsenz am Markt sichergestellt werden muß.

Ein Nachdenken über Zukunftsmärkte kann schließlich auch die UdSSR nicht übergehen. Zwar ist dieses Land gegenwärtig vom Ölpreis- und Dollarverfall stark betroffen, jedoch hat diese Entwicklung die Kreditwürdigkeit nicht gefährdet. Generalsekretär Gorbatschow, dessen ausgeprägte Fähigkeit zur kritischen Analyse ich kennengelernt habe, hat feststellen müssen, daß seine ambitiösen Pläne zur Modernisierung der sowjetischen Wirtschaft auch im nächsten Fünf-Jahres-Plan nicht verwirklicht werden können. Er hat sich dieses Ziel aber für die nächsten drei Planungsperioden bis zum Ende des Jahrhunderts gesteckt.

Diese Entwicklung bei unserem wichtigen Nachbarn Sowjetunion gilt es intensiv zu beobachten. Dabei wird insbesondere unsere mittelständische Wirtschaft gute Chancen haben, beim projektierten Ausbau der sowjetischen Leichtindustrie zum Zuge zu kommen. Man hat sowjetischerseits erkannt, daß die Kopflastigkeit der Exportstruktur – 80 % der Exporte entfallen auf die Primärenergieprodukte Kohle, Gas und Öl – nur beseitigt werden kann, wenn die angebotenen Fertigprodukte dem Qualitätsstandard des westlichen Marktes entsprechen. Um dies zu erreichen, soll der von der Bundesrepublik gewünschte Technologietransfer daher in erster Linie der Qualitätsverbesserung dienen, um im Westen wettbewerbsfähig zu werden.

Ein zweifellos weiterer großer Markt neben Japan und der Sowjetunion wird China werden. Viele, die dort gewesen sind, haben die Aufbruchstimmung gespürt. Schließlich verfügt China über einen riesigen Binnenmarkt, in dem das Aufkeimen westlicher Wohlstandsbedürfnisse nicht mehr systematisch unterdrückt wird.

Die Liste dieser Länder erhebt natürlich keinen Anspruch auf Vollständigkeit, wenn es darum geht, künftige Exportmärkte aufzuzählen. Sie mag aber verdeutlichen, welche Anforderungen auf die Unternehmensführungen zukommen, die sich mit gänzlich unterschiedlichen Wirtschaftssystemen und Kulturkreisen auseinanderzusetzen haben. Dies wird tendenziell dazu führen, daß die „Außenpolitiker" in den Unternehmensführungen weiter an Einfluß und Bedeutung gewinnen werden.

Strukturwandel als binnenwirtschaftliches Phänomen

Der binnenwirtschaftliche Strukturwandel wird auf der Nachfrageseite vor allem von zwei Entwicklungen getragen: Zum einen haben wir eine stetige Änderung in der Alterspyramide der Bundesrepublik festzustellen, zum anderen vollziehen sich erkennbare Veränderungen im gesellschaftlichen Wertebewußtsein.

Entdeckten noch die 60er Jahre die Kaufkraft der Jugend als eigenständiges Nachfragesegment, so gilt dies in den kommenden Jahrzehnten für die älteren Bevölkerungsschichten. Die zunehmende demographische Kopflastigkeit geht einher mit einer verstärkten Kaufkraft von Rentnern und Pensionären, die neben der gesetzlichen Altersversorgung auf persönliche Vermögenswerte zurückgreifen können. Dies führt zwangsläufig zu Veränderungen in der Nachfragestruktur. Das Marktsegment der „Jeunesse dorée" dürfte seinen Höhepunkt überschritten haben; Produkte und Dienstleistungen, die insbesondere Bequemlichkeit, Erleichterung täglicher Arbeit und kreative Freizeitgestaltung bieten, kurzum das ältere Publikum ansprechen, dürften tendenziell interessante Wachstumsraten aufweisen. Die Änderung der Lebensgewohnheiten und des Sozialverhaltens hat zudem Auswirkungen auf weitere Wirtschaftssektoren. Der rückläufige Anteil der Mehrpersonenhaushalte an der Gesamtzahl der Privathaushalte wird nicht ohne Auswirkungen auf den Bausektor sein. Verbunden mit der Entdeckung einer neuen Wohnqualität werden künftig flächenmäßig kleinere, aber komfortabel ausgestattete Wohnungen in architektonisch ansprechenden Immobilien stark gesucht sein. Es fällt nicht schwer, vorauszusagen, daß die Vermietbarkeit – und damit auch die Veräußerbarkeit – von großen, anonymen Wohnblöcken künftig zunehmend schwieriger werden dürfte.

Die durch den Wertewandel bedingten Strukturverschiebungen auf der Nachfrageseite haben bereits in der Vergangenheit bewirkt, daß der Anteil der privaten Dienstleistungen an unserer Bruttowertschöpfung in den letzten 15 Jahren von 34 % auf 42 % gestiegen ist. In den USA liegt er mit rapide steigender Tendenz bereits bei über 50 %. Es wäre aber falsch, hier pauschal von einer Substitution des industriellen Produkts durch die Dienstleistung zu sprechen. Wir beobachten vielmehr, daß eine zunehmende Zahl von Firmen mit einem traditionellen Güterangebot wie Stahl oder wie Maschinen eigene Beratungsfirmen aufbauen. Neben dem eigentlichen Firmenprodukt werden so begleitende maßgeschneiderte, intelligente Problemlösungen mitverkauft, die ein flexibles Eingehen auf die individuellen Kundenwünsche ermöglichen. Zugleich wird damit auch das Produkt „intelligenter", anspruchsvoller und auf individuelle Abnehmererwartungen zugeschnitten. Man kann auch sagen: mit der Hardware wird die Software verkauft bzw. um Hardware zu verkaufen, muß man Software anbieten. In vielen traditionellen Produktionsbetrieben ist – fast unbemerkt – ein erhebliches vermarktungsfähiges Beratungs- und Produktveredelungs-Know-how aufgebaut worden, das bislang nur unternehmensintern genützt und gar nicht mal entdeckt wurde. Diese verborgenen Schätze zu heben, ist sicherlich eine der kommenden unternehmerischen Pionieraufgaben. Es wäre aber falsch, zu prognostizieren, daß unsere Zukunft allein im Blaupausenexport zu erblicken sei. Dennoch liegen hier enorme Ressourcen, die im übrigen – entgegen der vielfach vertretenen Meinung – auch erhöhte Beschäftigungsreserven beinhalten: Rationalisierung als Verbesserung der Arbeitsabläufe hat zunächst einmal zur Voraussetzung, daß auf dem Gebiet der Beratung, auf dem Gebiet der Entwicklung von neuen Methoden mehr qualifizierte Mitarbeiter gebraucht werden. Beschäftigungspolitisch ist auch von Interesse, daß nach einer Untersuchung der Prognos AG, Basel, bis zum Jahr 2000 Arbeitsplatzverluste von rund 280.000 Beschäftigten in der Landwirtschaft und von 800.000 Beschäftigten im verarbeitenden Sektor durch Beschäftigungsgewinne im Dienstleistungssektor in Höhe von 1,3 Millionen mehr als kompensiert werden sollen. Vor diesem Hintergrund bleibt zu fragen: Welche Entwicklungslinien werden in Zukunft zunehmend den Erfolg und Bestand der Unternehmen determinieren und Auswirkungen auf das Anforderungsprofil des Managements haben? Global könnte man antworten: Alle Unternehmen, die in der Lage sein werden, nicht mit standardisierten, rasterartigen Produkten und Dienstleistungen, sondern mit flexiblen, individuellen Problemlösungen am Markt aufzutreten, werden die erfolgreichen Unternehmen der Zukunft sein.

Dies erfordert das gesamte Potential, alle geistigen Ressourcen der im Unternehmen beschäftigten Mitarbeiter. Auf der organisatorischen Seite begünstigt dies dezentrale Firmen- und Konzernstrukturen; nicht ohne Grund ist in letzter Zeit der Begriff des „Intrapreneurs" entstanden, der das unternehmerische Selbstverständnis von leitenden Mitarbeitern in dezentralen Produktionsbetrieben von Großunternehmen verdeutlicht. Zudem sind dezentrale Unternehmenseinheiten wesentlich stärker kundenorientiert, flexibel und weitsichtig genug, um Anregungen der Kunden bei kurzen Entscheidungswegen kurzfristig in Produkt- und Produktionsverbesserungen, d.h. in Innovationen, umzusetzen.

Künftig wird die Kultivierung eines „Innovationsklimas" eine der vornehmlichen Aufgaben der Unternehmensführung sein. Dieses Innovationsklima wird zwangsläufig in einer Weise wirken, daß sich auch die geistige Einstellung der Mitarbeiter und Führungskräfte in den Unternehmen ändert. Leistungsfähige Mitarbeiter werden künftig mehr denn je mit den notwendigen Instrumenten, Finanzmitteln, Informationen und Zeitplänen ausgestattet werden, um in überschaubaren Bereichen eigenverantwortlich zu agieren. Das bedeutet natürlich auch eine Ausweitung der Erlebnisbereiche der einzelnen Mitarbeiter in den Unternehmen; Divisionalisierung und Profit-center-Denken sind die Stichworte, die die künftige Organisationsstruktur erfolgreicher Unternehmenseinheiten kennzeichnen werden. Nicht ohne Grund versuchen heute schon große Unternehmen „kreativen Spinnern" mehr Freiraum zuzugestehen.

Allein die Aufmunterung zur kritischen Fragestellung, zur Infragestellung aller Produkte und Produktionsstrategien schafft ein Klima, das, in ständiger Produktumwälzung begriffen, für langfristigen Erfolg des Unternehmens sorgen wird. Diese Schaffung von partieller Autonomie verlangt natürlich auch einen neuen „unternehmerischen Führungsstil", der Abschied nimmt von allzu hierarchisch-zentralistischen Strukturen. Der Unternehmer, der sich sämtliche Entscheidungen vorbehält, drückt das Entscheidungs-Niveau im Unternehmen und damit die Zukunfts-Chance herab.

Ein Management-Konzept liefert Antoine de Saint-Exupéry: „Wenn Du ein Schiff bauen willst, dann trommle nicht Männer zusammen, um Holz zu beschaffen, Aufgaben zu vergeben und die Arbeit einzuteilen, sondern lehre sie die Sehnsucht nach dem weiten, endlosen Meer." Der erfolgreiche Unternehmer des Jahres 2000 wird die Begabung aufweisen müssen, seinen Mitarbeitern Visionen aufzuzeigen, die sie wie die eigenen aufnehmen und umzusetzen versuchen. Wenig hilfreich sind in diesem Zusammenhang die zahlreichen „management-by"-Rezepte, mit denen wir in den vergangenen Jahren vornehmlich aus den Vereinigten Staaten überschwemmt wurden. Viele dieser einfach strukturierten Führungsanleitungen wurden bei uns willig aufgenommen und sklavisch imitiert. In der Zwischenzeit haben wir gelernt, gelassener auf all diese Allheilmittel zu reagieren; europagemäße Führungsstrukturen und -philosophien haben sich wieder durchgesetzt, in deren Mittelpunkt der sozial verantwortliche, motivierende, aber in letzter Instanz entscheidende Unternehmer steht.

Dieses Führungsverhältnis nach innen hat einem gesamtwirtschaftlichen und gesellschaftlichen Verantwortungsbewußtsein nach außen zu entsprechen. Verschiedentlich ist hierfür der Begriff der „Sozialen Kompetenz" verwandt worden, der nicht nur Qualifikation in sozialpolitischen, Betriebs- oder Tariffragen meint, sondern auch positive Einflußnahme auf die öffentliche Meinung impliziert. Wenn Professor Giersch das „Zeitalter des Unternehmers" aufziehen sieht, dann sicherlich nicht nur wegen der volkswirtschaftlichen Bedeutung des Unternehmers, sondern auch mit Blick auf seine zunehmend wichtiger werdende Rolle im politischen Leben, als Bindeglied zwischen der Gesellschaft und einer zunehmend technologisierten und komplexer werdenden Wirtschaft. Als Beispiele mögen die Chemie oder Kerntechnologie dienen: Die sich aus Unwissenheit, dem Nichterkennen oder Nichtverstehen aufbauenden gesellschaftlichen Ressentiments lassen sich am ehesten durch allgemeinverständliche, vertrauenserweckende Stellungnahmen der betroffenen Unternehmer korrigieren, Personen, die mit ihrer Persönlichkeit für die Zuverlässigkeit der angezweifelten Technologien einstehen. Der Unfall von Tschernobyl und jüngst die Rheinwasservergiftungen sind hierfür beredte Zeugnisse. Keine PR-Abteilung und kein Werbefeldzug kann allein die Schadensbegrenzung bewerkstelligen und für künftiges Vertrauen werben.

Diese Transformationsfunktion wird für die kommende Unternehmergeneration immer wichtiger: ständig öffentlich für unternehmerisches Handeln zu werben, in dem „unternehmen" verständlich gemacht wird. Das erfordert Routine und Sicherheit im Umgang mit Öffentlichkeit und Medien, erfordert aber auch, seiner exponierten Stellung in der privaten Lebensführung gerecht zu werden, an der die Glaubwürdigkeit des unternehmerischen Wirkens fortwährend gemessen wird. Konsequenz in Beruf und Privatleben: eine corporate identity nicht nur im Unternehmen, sondern auch in der ganzen Persönlichkeit des Unternehmers. Es geht letztlich um Grundeinstellung und innere Lebenshaltung, um berufliche wie persönliche Lebensphilosophie, die idealiter deckungsgleich sein sollten.

Damit ist natürlich eine hohe Maxime formuliert – und zugleich eine Schwachstelle unseres Bildungssystems angesprochen. Jede nähere Beschäftigung mit dem Unternehmerbild des Jahres 2000 endet deutlicher denn je bei Begriffen wie Persönlichkeit, Charakter, Überzeugungskraft, Intuition und Entscheidungsfreudigkeit – alles Merkmale, die keine Hochschule dieses Landes zu vermitteln in der Lage ist, ja nicht einmal zu vermitteln beansprucht. Auch wenn Charakter und Persönlichkeit nicht erlernbar oder trainierbar sind: es muß befürchtet werden, daß der Massenbetrieb der heutigen Universitäten Persönlichkeitsentfaltung eher verhindert denn fördert. Um so mehr sind künftig die Unternehmen selbst gefordert, Hochschulabsolventen und begabten jungen Praktikern jene Freiräume zu bieten, in denen sie ihr Leistungspotential, insbesondere aber auch ihre Persönlichkeit entwickeln können. Das heißt, neben der notwendigen Sacharbeit Platz zu lassen für waches Interesse an allem, was im weitesten Umfeld des eigenen Unternehmens vor sich geht, um möglichst früh die vielschichtigen Interdependenzen zu erkennen, in die die Unternehmen eingebunden sind. Wenn heute häufig von dem Kriterium der unternehmerischen „Intuition" die Rede ist, dann ist das nicht nur die aus dem Unterbewußtsein gespeiste Entscheidungsfindung, sondern auch eine Form von schöpferischer Verknüpfung von Informationen, die auf den ersten Blick keinen Zusammenhang aufweisen. Entsprechende Neigungen und Begabungen zu fördern, ist eine unternehmerische Pädagogik-Aufgabe von allererster Bedeutung.

Unternehmenssicherung über die Jahrhundertwende hinaus

Wenn die oben beschriebenen unternehmerischen Anforderungen der Pflege der Ressource „Mensch" galten, so hat der verantwortungsbewußte Unternehmer sich gleichfalls der langfristigen Sicherung der Finanzreserven seines Unternehmens zu widmen. Dabei kommt einer befriedigenden Eigenkapitalausstattung eine zentrale Rolle zu: Die schwerste Rezession der Nachkriegszeit Anfang der 80er Jahre hat die Unterkapitalisierung vieler Unternehmen schonungslos offengelegt. Bis heute ist – nicht zuletzt aus diesem Grund – die Insolvenzanfälligkeit deutscher Unternehmen hoch geblieben. Trotz verbesserter konjunktureller Umfeldbedingungen besteht vielerorts die Einsicht, daß die Selbstfinanzierungskraft allein nicht ausreicht, die vorhandene Risikokapitallücke durch Gewinnthesaurierung zu schließen. Bei zahlreichen expandierenden, insbesondere mittelständischen Unternehmen mit hohem Investitionsbedarf ist eine gesunde Eigenmittelausstattung jedoch conditio sine qua non. Oft können Familiengesellschafter die notwendigen Mittel für die erforderlichen Investitionen nicht mehr aus eigener Kraft aufbringen und sind so – zwangsläufig – auf die Aktie als Instrument zur Mobilisierung von Risikokapital angewiesen. Die Beschaffung von Eigenmitteln über den Kapitalmarkt ermöglicht es den Familiengesellschaften, unternehmerische Handlungsfreiheit und Unabhängigkeit zu bewahren. Dies ist in der Regel dann nicht gewährleistet, wenn sich ein Unternehmen zur Lösung der Eigenmittelprobleme an einen kapitalstarken Partner anlehnt. Ein solcher Mitunternehmer wird auf Informations- und Kontrollrechten bestehen und versuchen wollen, auf die Geschäftspolitik Einfluß zu nehmen.

Der Interessenschwerpunkt des Anlegers im Kapitalmarkt liegt dagegen weniger auf der unternehmerischen als auf der finanziellen Seite: Er kann und will keine unmittelbare Verantwortung für das unternehmerische Handeln übernehmen, sondern ist in erster Linie an einer Stärkung seiner Vermögenssituation und damit an Dividendenzahlungen und an positiver Aktienkursentwicklung interessiert. Gerade auch mit Blick auf die kommenden 10 oder 20 Jahre zeigt sich, daß es für die Unternehmen sinnvoll ist, schon dann an die Börse zu gehen, wenn die Eigenmittelsituation noch ausreichend ist und eine Öffnung zum Publikum eigentlich noch nicht zwingend erscheint. Die Gesellschaft hat dadurch die Möglichkeit, sich frühzeitig am Kapitalmarkt zu etablieren und ein eigenes Emissionsstanding aufzubauen. Hierauf kann sie dann bauen, wenn sie bei künftigen Kapitalerhöhungen auf den Prüfstand kommt.

Ein weiteres gewichtiges Motiv für einen Gang an die Börse – und hier wird insbesondere der langfristige Aspekt sichtbar – ist die Sicherung der Unternehmenskontinuität. Familiengesellschafter sehen in der Umwandlung ihres Unternehmens in eine Aktiengesellschaft und in der Öffnung zum Publikum oft die einzige Lösung, um den Fortbestand der Gesellschaft zu gewährleisten. Es können Nachfolgeprobleme auftreten, wenn in der folgenden Generation niemand in der Lage oder bereit ist, die Gesellschaft weiterhin fachkundig zu führen. Eine börsennotierte Aktiengesellschaft ist auch für nicht zur Familie gehörende Manager attraktiv. Die Nachfolge- und Managementfrage läßt sich bei einer Publikumsgesellschaft oft einfacher lösen als bei Familienunternehmen in der Rechtsform der Personengesellschaft oder GmbH. Ebenso erleichtert die Formstrenge des Aktiengesetzes im Falle eines Konfliktes häufig das Finden von Problemlösungen – ein heilsamer Zwang, der von Familiengesellschaften mit oft sehr unterschiedlichen Interessenlagen im Anteilseignerkreis mit zunehmender Tendenz schätzen gelernt wird.

Unternehmen müssen auch Vorsorge treffen für eventuelle Belastungen durch Erbschaftssteuern. Sonst müßten beim Tode eines Hauptgesellschafters in der Personalgesellschaft für unternehmerische Zwecke benötigte finanzielle Reserven des Unternehmens mobilisiert werden, nur um die anfallende Erbschaftssteuer begleichen zu können. Hinzu kommen häufig auch noch Ertragssteuern in beträchtlichem Umfang, weil hierfür Unternehmenssubstanz, die niedrig zu Buche steht, veräußert wird. Auf eine börsennotierte Aktiengesellschaft kann dagegen ein Erbfall nicht durchschlagen: Ein Verkauf von Aktien zur Zahlung von Erbschaftssteuern tangiert das Unternehmen praktisch nicht.

Im Laufe der Generationen wächst meist auch die Zahl der zum Gesellschaftskreis gehörenden Familienmitglieder. Dabei kommt es vor, daß bei einigen von ihnen die

Identifikation mit dem Unternehmen abnimmt. Eigene finanzielle Interessen rücken zunehmend in den Vordergrund, und die Bereitschaft oder auch die Möglichkeit, der Gesellschaft bei notwendigen Kapitalerhöhungen weitere Mittel zur Verfügung zu stellen, nimmt ab. Manchmal wollen einzelne Familiengesellschafter auch ganz aus dem Unternehmen ausscheiden. Während bei der Personengesellschaft oder GmbH das Ausscheiden eines Gesellschafters zu einem unerwünschten Eigenkapitalabfluß führt – sofern nicht ein anderer Gesellschafter gefunden wird, der den Anteil übernimmt –, wirft ein solcher Fall bei einer börsennotierten Aktiengesellschaft keine Probleme auf.

Natürlich hat das Finanzierungsinstrument „Aktie" bei uns noch nicht den Stellenwert, den es in den USA, in Großbritannien oder auch der Schweiz genießt. Doch was in den Jahren 1982–1983 unter dem Begriff „going public" in Bewegung geraten ist, ist keine modische Spielerei am Finanzmarkt: Man kann dies vielmehr als Renaissance, als Rückbesinnung auf eine für viele Unternehmen maßgeschneiderte „Blutauffrischung" verstehen. Dank der überlegenen Ausstattung wie Fungibilität und klar überschaubare Rechte und Pflichten wird die Aktie zur Jahrtausendwende eine wesentlich bedeutendere Rolle als heute spielen können. Mit dem „Geregelten Markt" hat der Gesetzgeber dieser Entwicklung auch insoweit Rechnung getragen, als er – unter vereinfachten Zulassungsvoraussetzungen – kleinen und mittleren Unternehmen den Zugang zur Börse geöffnet hat. Dieses neue Marktsegment gilt es gerade im mittelständischen Bereich für die Zukunft zu nutzen.

Unternehmensführung im Jahr 2000

Manches mag heute schon in Grundzügen darstellbar, zumindest erahnbar sein, was morgen unternehmerisches Handeln determiniert. Vorbereitung mag hier und dort zu organisieren, Vorsorge gleichfalls zu treffen sein. Wichtiger als dies ist die geistige Grundeinstimmung auf ein gerade angebrochenes Zeitalter, das unerbittlich lebenslanges Lernen erfordert.

Wenn Leibniz noch das gesamte Wissen seiner Zeit beherrschte, so wird es heute für den Einzelnen an der Spitze eines größeren Unternehmens schon schwierig, sämtliche Entwicklungen und Neuerungen in allen Zweigen des Geschäfts zu übersehen. Die ständige Potenzierung des Wissens kann in verantwortlicher Position keinen Spezialisten mehr dulden, sondern nur jene Persönlichkeit zulassen, die ständig aufzunehmen, zuzuhören in der Lage ist, wichtiges von unwesentlichem schnell zu unterscheiden weiß – und natürlich entscheidungswillig ist.

„Der Erfolg liegt im Mut zum Extrem und in der Beharrlichkeit zur Mitte. Ohne Vorstöße in neue, in höhere Quantenbahnen ist der Rückschlag wahrscheinlich, und die sichere Mitte verbürgt allenfalls Mittelmäßigkeit", schrieb vor einigen Jahren Hans L. Merkle. Dies wird im kommenden Jahrhundert aktueller denn je sein.

Teil B

Strategien zur Eroberung der Zukunft

Heik Afheldt:

Auf Veränderungen rechtzeitig reagieren

Das Umfeld ist nur der eine Partner im Spiel „Zukunft auf Leben und Tod", der andere bin ich selbst, mein eigenes Unternehmen mit seinen Ressourcen, und der dritte Partner sind die sichtbaren oder noch unsichtbaren Wettbewerber.

Die Aufgabe heißt also, trotz des unübersichtlichen Umfeldes und aggressiver Wettbewerber das Unternehmen erfolgreich zu den selbst gesetzten Zielen zu steuern.

Nun gibt es keine einheitliche Strategie für alle Unternehmen, gleichgültig wie groß, stark, wie national oder international, wie alt oder jung oder wie diversifiziert sie sind.[2]

Wie sieht die Flotte von Unternehmen in Deutschland im Jahre 2000 voraussichtlich aus, die Führung brauchen – und für die Führungsbereitschaft und -kompetenz geschaffen werden muß? Wie viele große, multinationale, wie viele mittelständische und wie viele kleine Unternehmen werden zu führen sein?

1. Welche Merkmale werden die Unternehmen im Jahr 2000 haben?

Ich will nicht mit vielen Prognosen und Zahlen langweilen. Ich will stattdessen einige erkennbare und mutmaßlich schwer widerlegbare Tendenzen zur künftigen Struktur der Wirtschaft und der Unternehmen aufzeigen.

Blickt man auf die *Branchen*, so wird die Zahl und das Gewicht der Betriebe im Bereich von *Landwirtschaft, Bergbau* und im *verarbeitenden Gewerbe* sowie vor allem in der *Bauwirtschaft* zurückgehen. Im Transport- und Kommunikationsbereich, im Handel, den Restaurants und Hotels, im Banken- und Versicherungsbereich sowie bei den sozialen und persönlichen Dienstleistungen wird sowohl die Zahl der Unternehmen als auch die Zahl der Arbeitskräfte zunehmen. Gerade hier werden wir eine große Anzahl junger Unternehmen haben. Wenn das Alter eines Unternehmers, die Phase im Wachstums- oder Lebenszyklus eine Rolle spielt, dann ist auch dieses von Bedeutung. Dann brauchen in diesem Bereich besonders innovative, expansive Führungskräfte.

Zur *Größenstruktur der Unternehmen* lassen sich folgende Tendenzen erkennen:[3]

– Eine relativ zunehmende Bedeutung der Beschäftigten in den eher kleinstrukturierten Dienstleistungsunternehmen.
– Sehr differenziert laufende Entwicklungen in den einzelnen Industrie- und Wirtschaftsbereichen; Konzentrationstendenzen einschließlich feindlicher Übernahme stehen neben Ausgliederungen und Neugründungen.

– Tendenziell zunehmende Bedeutung von Einflußfaktoren, die eher kleine und mittlere Unternehmen begünstigen (Innovationsfähigkeit, Reaktionsgeschwindigkeit), aber gegenläufige Tendenzen von Seiten der Märkte, weil die *Radien auf den Beschaffungs- und Absatzmärkten* erheblich größer sind als heute. Die Importquoten nehmen weiter zu. Internationale Kooperationsmuster werden sich entwickeln.
– Neben der Entwicklung der Unternehmen nach Zahl, Größe und Branche ist aber auch entscheidend die Veränderung der *inneren Strukturen* der Unternehmen. Hier wird die Informationstechnik zusammen mit den veränderten Inhalten der Produktion (mehr Dienstleistungen, mehr Systeme) zu einer nachhaltigen Änderung der Führungssituation führen.

Die Hierarchien werden flacher, die Kontrolle zentraler, die Entscheidungen dezentraler, das Wissen, die Information breiter gestreut.

Nun kann man mit den genannten Merkmalen Unternehmen nach Größe, Branche und Führungsstruktur gut beschreiben. Wie bei Regatten kommt es für den Erfolg aber entscheidend auf die Mannschaft und den Mannschaftsgeist an.

Die Managementlehre hat diesen Sachverhalt seit einiger Zeit neu entdeckt. Unter verschiedenen Markierungen wie „Unternehmenskultur" oder „Corporate Identity" (CI) werden heute den Führungen Konzepte zur Herstellung eines optimalen Mannschaftsgeistes oder eines Identifikationsrasters offeriert.

2. „Corporate Identity"

Die Literatur zum Thema Corporate Identity (CI) und Unternehmenskultur schwillt an. Warum? Wir reagieren hiermit auf mindestens zwei deutlich erkennbare Defizite aus der Vergangenheit des Managements, vor allem soweit es das amerikanische betrifft.

Die eine Entdeckung hat an der Schnittstelle zwischen unseren Unternehmen und ihrer jeweiligen Außenwelt stattgefunden, die zweite im inneren Gefüge der Unternehmen selbst.

Nach *außen* ist der Erfolg eines Unternehmens nicht nur von der meßbaren Qualität und dem Preis seiner Produkte abhängig. Das Unternehmen hat eine Persönlichkeit, eine sympathische oder weniger sympathische mit deutlich wahrnehmbaren Eigenschaften und einem spezifischen Stil. Diese Persönlichkeit wird bei den Lieferanten, Kunden, bei den Behörden, den Mitarbeitern und den Mitbewohnern an den Standorten wahrgenommen. Das Unternehmen kann durch Großtuerei abschrecken, es kann unangenehm riechen, sich falsch schminken, in elenden Hütten leben und arbeiten.

Mit dieser emotionalen Qualität wird es mehr oder weniger erfolgreich beim Vertrieb, aber auch bei der Anwerbung von neuen Mitarbeitern und Führungskräften sein.

Das alles läßt sich auch nüchtern und wissenschaftlicher formulieren, z.B. so:

> *CI als Orientierungssystem.* Aus dieser einmal formulierten und akzeptierten Kompetenz leitet sich eine handlungs- und vorgehensbestimmende Größe ab, ein Leitmotiv bzw. die Unternehmensphilosophie, welche die gesamte Unternehmens- und Produktpolitik beein-

flußt und permanent mitbestimmt. So entsteht ein kontinuierliches System mit akzentuierten Inhalten, ein einheitliches Unternehmensgefüge, das firmenspezifische Erscheinungsbild bzw. die Corporate Identity (CI).[4]

Konkret wird die CI entwickelt und vermittelt durch Verhaltensweisen, formale Elemente wie Gebäude, Produkte, Farben, Formen, Töne und durch Menschen.

Im *Inneren* der Unternehmen spielt die formale Organisation und die materielle Steuerung über Geld und geldwerte Leistungen eine zunehmend geringere Rolle. Unternehmensstrategien, die ausschließlich oder überwiegend mit diesen Instrumenten arbeiten, erleben herbe Enttäuschungen. Sie sind nicht mehr wirksam.

Die Führung nach finanziellen Kriterien alleine versagt. Dauerhaft hohe Motivation ist zwar schwierig herstellbar, aber sie ist dennoch eine notwendige Voraussetzung, um im Wettbewerb um bessere wirtschaftliche Lösungen zu bestehen.

Wie ist eine „Kultur" zu entwickeln? Es gibt keine Patentlösung, schon gar nicht für alle Kulturkreise. In japanischen Großunternehmen mit ihren Angestellten auf Lebenszeit ist die erfolgreiche Kultur eine andere als diejenige in erfolgreichen amerikanischen Firmen oder in europäischen. In Großbritannien sind die Merkmale andere als in Bayern.

Und eine einmal entwickelte Kultur ist offenbar nicht unbedingt eine Garantie für einen dauerhaften Erfolg oder ein ewiges Leben. So verschläft auch ein bisher erfolgreiches, kultiviertes Unternehmen wie IBM oder General Motors oder Photo Porst eine entscheidende Herausforderung und taucht zeitweilig oder ganz weg.

Gibt es Mittel und Wege, um dieser Gefahr zu begegnen?

3. Noch eine Innovation: „Intrapreneuring"

Wir können heute häufiger Meldungen lesen wie: „Die Konzernleitung X verkauft ihre Beteiligung Y, die in den vergangenen Jahren starke Verluste hat hinnehmen müssen, an ihre Manager". Was heißt das?

Zunächst nur und einfach eine übliche Bereinigung der Beteiligungen um eine unrentable Firma. Aber es heißt mehr. Wir lernen, daß die Rahmenbedingungen, die wir selbst von innen setzen, Erfolge einzelner Bereiche verhindern können. Das gilt besonders für große, bereits stark bürokratisierte Unternehmen. Warum? Die Entscheidungswege sind zu lang geworden, die Angst vor Fehlentscheidungen wird lähmend, zu viele Rechtfertigungen gegenüber zu vielen Gremien werden erforderlich. Mit einem Wort, Absicherung einer Entscheidung gegenüber innen wird für den Erfolg eines Managers wichtiger als eine oft auch mutige innovatorische Antwort auf eine Herausforderung am Markt.

Durch die organisatorischen Fesseln erlahmt die Motivation und die Einsatzfreude. *Unternehmen im Unternehmen* heißt eine richtige Antwort auf diese Gefahren. Die Formen, die hierzu gewählt werden können, sind sehr unterschiedlich.

Vom Verkauf an eigene Mitarbeiter mit oder ohne Franchising System über eine Beteiligung leitender Leute oder nur einer organisatorischen Verselbständigung einer Gruppe oder Einheit, die Eigenverantwortung stärkt und damit Identifikation und Innovation fördert, bis hin zur Entwicklung von neuen Formen des Projekt-Managements oder von Querschnittsgruppen (wie z.B. Qualitätszirkel) reichen die erfolgsversprechenden Antworten.

4. Mehr Flexibilität

Diese Forderung ist heute allgemein. Starre Muster und uniforme Verhaltensweisen können richtige Antworten in stabilen Situationen sein. Unsere Gesellschaft und Wirtschaft sind in einem stetigen Wandel begriffen und die Lebensstile unserer Kunden und Mitarbeiter auch. Hierauf muß flexibel geantwortet werden. Darin liegt ein entscheidender möglicher Vorteil unserer marktwirtschaftlichen Systeme. Starre Regelungen machen diese Möglichkeit zunichte. Wenn ein Angebot nicht auf eine entsprechende Nachfrage trifft, ist es im eigentlichen Sinne des Wortes nichts „wert", egal wie kostspielig die Herstellung war. Das wird im wachsenden Dienstleistungssektor besonders deutlich.

Flexibilität, diese Forderung betrifft also sowohl die gesetzlichen Rahmenbedingungen als auch und vor allem die Strukturen in den Unternehmen selbst. Sachlich und zeitlich flexibel sein sollte die gesamte Faktorkombination, also der Produktionsprozeß, die Anlagen und Werkzeuge, die Arbeitskräfte, die Arbeitszeiten, die Entlohnungen für Kapital, Arbeit und öffentliche Infrastruktur (Steuern).

Die Forderung ist deutlich und wird zunehmend akzeptiert. Wie ist sie umzusetzen? Sicherlich in starkem Maße durch flexible Organisationen, aber auch durch eine gezielte Weiterentwicklung geeigneter Techniken.

5. Technologietransfer, Forschung und Entwicklung

Der weltweite Wettlauf um den besten technischen Fortschritt scheint immer rascher zu verlaufen. Die Regierungen in Japan, USA und Westeuropa sehen es dabei zunehmend als ihre Aufgabe an, die eigene Position zu verbessern und die jeweiligen Wirtschaften durch Förderungsprogramme und Kooperation (Eureka, ESPRIT) zu fördern und durch vielfältige Bestimmungen zu schützen (Embargos).

Für kleine und mittlere Unternehmen wird es immer schwieriger, in diesem Technologiewettlauf den Überblick über neue lohnende oder drohende Entwicklungen zu halten und durch eigene F+E-Anstrengungen daran mitzuwirken, um zu neuen profitablen Anwendungen zu gelangen.

Dieses erkennbare Defizit hat zu einer Vielzahl von öffentlich geförderten Technologietransfer-Einrichtungen und Hilfen geführt. Diesen oft regional politisch motivierten Bemühungen liegt eine richtige Einschätzung zugrunde. Viel Know-how liegt in öffentlich und privat finanzierten Forschungseinrichtungen brach. Kleinen und mittleren Unternehmen fehlen die personellen und finanziellen Kapazitäten, um aus ihnen Nutzen zu ziehen. Professionelle Beratung erscheint oftmals als zu teuer, zu praxisfern. Nach Schätzungen erreichen die Technologietransferbemühungen heute erst etwa 10 % der „bedürftigen" Unternehmen.

Was folgt daraus? Wenn die Nutzung moderner Techniken in eigentlich allen Branchen über die Wettbewerbsfähigkeit von Produkten, ihre Kosten und ihre Qualität bestimmt, dann ist der Einkauf von Informationen und von Know-how so entscheidend für ein Unternehmen wie jedes andere Vormaterial oder jeder Betriebsstoff. Information und Know-how werden zu den entscheidenden Produktionsfaktoren – egal, ob diese „Stoffe" alleine oder über Kooperationsmodelle mit anderen Unternehmen beschafft werden. Hier haben gerade viele kleine und mittlere Unternehmen in Westeuropa und in der Bundesrepublik noch einen Aufklärungs- und Nachholbedarf.

Die folgenden Fallbeispiele erfolgreicher Unternehmen belegen diese Thesen nachdrücklich.

Helmut Maucher:

Strategische Überlegungen

Langfristige Konzeption und zukünftige Politik in einer international tätigen Unternehmung der Ernährungsindustrie

Wir nähern uns der zweiten Jahrtausendwende unserer Zeitrechnung. Zur letzten Wende – Europa erreichte das Jahr Tausend – war ein Weltuntergang prophezeit worden. Die Leute, die davon erfahren hatten, saßen verängstigt in den Kirchen und harrten der Ereignisse, die da kommen sollten. Die uns bevorstehende Wende – zum Jahr 2000 – findet in einer Welt mit nahezu zwanzig mal mehr Menschen statt. Soweit sie das Glück haben, in Industrieländern zu leben, werden sie das neue Jahrtausend wohl vor dem Fernseher feiern, mit der Angst vielleicht, daß gutes Essen und das reichhaltige Trinken der Silvesternacht das Wohlbefinden am nächsten Morgen vermindern könnten.

Auf weitere allgemeine Prognosen zum Jahr 2000 möchte ich verzichten. Aus der Einleitung seien aber zwei Dinge festgehalten: Voraussichtlich wird auch zu Beginn des dritten Jahrtausends eine funktionierende Wirtschaft ihren Beitrag zur Versorgung einer wachsenden Zahl von Menschen leisten müssen, wobei Unternehmen eine wichtige Rolle in der Gestaltung und Weiterentwicklung der ökonomischen Verhältnisse übernehmen. Zweitens werden Essen und Trinken als Grundbedürfnisse der Menschen wichtig bleiben, auch wenn sich Konsumgewohnheiten und Nahrungsmittelangebot ohne Zweifel in vielerlei Hinsicht verändert haben werden.

Langfristige Konzeptionen, die die Nahrungsmittel- und andere Industrien vor dem Hintergrund derartiger Bilder zum Jahr 2000 entwickeln müssen, orientieren sich natürlich nicht an Zeitpunkten und runden Jahreszahlen, sondern an *Zeiträumen*. Das heißt, die Erreichung der in diesem Zeitraum gesteckten Ziele und die Besonderheiten der Unternehmensführung im Jahr 2000 bestimmen sich in erster Linie dadurch, wie früh und wie präzise wir die bis dahin stattfindenden Veränderungen inner- und außerhalb der Unternehmung wahrnehmen und wie gut wir sie bewältigen.

Zur Gestaltung der Konzeption der Unternehmenspolitik benötigen wir nicht nur Prognosen. Wir müssen uns über die Faktoren auf dem Laufenden halten, die das unternehmensspezifische Umfeld im Laufe der Zeit verändern könnten, und vor allem brauchen wir *Imagination*, um alle zur Verfügung stehenden Informationen in mögliche, direkt auf die Unternehmung bezogene Zukunftsbilder sinnvoll einzufügen.

Zum unternehmensrelevanten Umfeld einer internationalen Unternehmung der Nahrungsmittelindustrie gehört die weltweite demographische Entwicklung – ich werde in meinen anschließenden Überlegungen damit beginnen. Die für unsere internationale Tätigkeit wichtigen Grundsätze der Unternehmenspolitik werden anschließend vor dem Hintergrund der außerordentlichen Herausforderung durch die Bevölkerungsentwicklung dargelegt. Daraufhin folgen Bemerkungen zu den qualitativen Umschichtungen der Nahrungsmittelnachfrage in Industrieländern, auch hier immer wieder mit Angaben zur Richtung, in der die Industrie Antworten auf anstehende und erwartete Probleme sucht.

Vieles von dem, was ich dabei erwähne, ist für die Unternehmen des Nahrungsmittelbereichs allgemein relevant, manches aber sind Beispiele und Lösungen, die nur für Nestlé Gültigkeit beanspruchen. Damit sich der Leser rasch zurechtfindet, zwei Sätze zur Unternehmung, die ich leite: Der konsolidierte Umsatz von etwas über 50 Mrd. DM (1985) wird schwergewichtig in vier Produktgruppen erarbeitet: Warme und kalte Getränke; Milchprodukte; tiefgekühlte und ungekühlte kulinarische Produkte; Schokoladen und Süßwaren; dazu kommen gewisse Interessen im Bereich kosmetischer und pharmazeutischer Produkte (u.a. L'Oréal). Die Aktivitäten sind geographisch breit verteilt: Etwa ein Drittel von Produktion und Umsatz erarbeiten wir in Europa, ein Drittel in Nordamerika und ein Drittel in der übrigen Welt; insgesamt werden nur noch gerade 2 % im Land des Hauptsitzes der Gruppe, der Schweiz, erwirtschaftet.

Bevölkerungsexplosion als globales Problem

Die verschiedenen Einflußfaktoren auf die Entwicklung einer Unternehmung verändern sich nicht im Gleichschritt. In bestimmten Zeiträumen, und von Branche zu Branche verschieden, beobachten wir Veränderungen, die durch ihr Tempo oder ihr Gewicht als Bestimmungsfaktoren der Umschichtungen in einem Industriezweig in den Vordergrund treten. Ich erinnere hier an Textilindustrie, Photo, Unterhaltungselektronik in den sechziger und siebziger Jahren mit den damals die Branche stark prägenden Produktionsverlagerungen in die neu industrialisierenden Entwicklungsländer. Weiter verweise ich auf Computer- und Kommunikationsindustrie, die heute von einer außerordentlich raschen technischen Entwicklung in der Mikroelektronik dominiert werden.

In wechselnder Auswahl werden solche Phänomene von den Kommunikationsmedien aufgegriffen, manchmal etwas überbewertet und oft über Gebühr verallgemeinert. Die Unternehmensverantwortlichen müssen im Verlaufe solcher Wellen in den Medien – heute steht noch immer die elektronische Hochtechnologie zuvorderst in der öffentlichen Aufmerksamkeit – ihre *branchenspezifischen Haupteinflüsse* im Auge behalten. Im Falle der Nahrungsmittelindustrie gehört dazu zweifellos die Bevölkerungsentwicklung. 1975 betrug die Weltbevölkerung wenig mehr als 4 Milliarden. Wir müssen damit rechnen, daß die Zahl im Verlaufe des Jahres 1987 die 5-Milliarden-Grenze erreicht. Vielleicht 10 Jahre später werden es 6 Milliarden sein, im Jahr 2000 darüber.

Diese Bevölkerungsentwicklung erfolgt in starkem regionalem Ungleichgewicht: Die weniger entwickelten Länder, 1950 noch mit knapp der doppelten Bevölkerungszahl verglichen mit den Industrieländern, werden bis zum Jahr 2000 eine Population erreichen, die nahezu dem Vierfachen der Menschen in den industrialisierten Ländern entspricht.

Ein zweites Ungleichgewicht im Bevölkerungswachstum besteht zwischen Stadt und Land. Bis zum Jahr 2000 müssen von mehr als einer Milliarde zusätzlichen Menschen fast zwei Drittel in Städten untergebracht werden. Die beiden größten Städte der Welt sollen dann Mexiko City mit 26 Millionen und São Paulo mit 24 Millionen Menschen sein. Aller Voraussicht nach wird sich danach das Urbanisierungstempo namentlich in den Entwicklungsländern noch weiter beschleunigen.

Welche Schlüsse sind aus solchen Zahlen zu ziehen?

Erster Schluß: Die Frage der Ernährung der rasch wachsenden Bevölkerung ist ein Problem, zu dem nur bei koordiniertem Einsatz *aller* verfügbaren Mittel die Chance einer dauerhaften Lösung besteht.

Zweiter Schluß: Denkt man an die oben angegebene Verhältniszahl der Bevölkerung in den Industriestaaten bzw. den Entwicklungsländern von 1:4 für das Jahr 2000, wird niemand zweifeln, daß auch – ich glaube sogar vor allem – kommerzielle, das heißt langfristig wirtschaftlich sich selber tragende Instrumente unter allen Umständen in den Kreis dieser Mittel zur Lösung der Ernährungsprobleme gehören; für eine ausschließlich humanitär inspirierte Unterstützung ist das Verhältnis zu kraß.

Dritter Schluß: Durch die weltweit sich fortsetzende und beschleunigende Verstädterung führt kein Weg an einer zunehmend wichtigeren Rolle der *industriellen* Verarbeitung verderblicher Produkte in hochwertige Nahrungsmittel mit garantierter Frischedauer und zu tragbaren Preisen vorbei.

Wohlverstanden, ich glaube nicht, daß die Industrie oder gar die multinationalen Lebensmittelkonzerne alleine eine Lösung der Welternährungsprobleme herbeizuführen imstande sind. Sie sind aber in der Lage und sie sind auch dabei, einen wesentlichen Beitrag dazu zu leisten.

Forschung einerseits, Beratung der Bauern in Regionen mit suboptimaler Bodennutzung anderseits müssen zuerst dazu beitragen, daß die verwertbare landwirtschaftliche Produktion im gleichen Rhythmus erhöht werden kann wie die Bevölkerung wächst. Große Nahrungsmittelunternehmen wie Nestlé sind heute zunehmend dabei, Produkte mit ausgewogenem Nährwert, vor allem Eiweißanteil, und gutem Geschmack zu entwickeln und auf den Markt zu bringen, Produkte, die ohne den verlustreichen Umweg über das Tier direkt aus Feldfrüchten wie Soja hergestellt werden können. Ein zweites Beispiel ist ein umfangreicher Beraterstab – im Falle von Nestlé sind es weltweit etwa 1000 Spezialisten –, der die Bauern zu effizienterer und hochwertigerer Produktion anleitet.

Es handelt sich um ein sehr umfassendes Wissen – von der Hygiene bis, beispielsweise, der Rinderzucht –, das wir in die Beratung einbringen. Ebenso breit abgestützt sind unsere Bemühungen in der Forschung und Entwicklung. Einer der Bereiche, in denen wir arbeiten, ist die *Biotechnologie*. Ohne daß das schon zu Beginn unter diesem neuen Sammelbegriff betrieben worden wäre, besitzt die Lebensmittelindustrie langjährige Erfahrung in der Nutzung und Verbesserung biologischer, vor allem enzymatischer Prozesse. Sie werden eingesetzt zur schonenden Haltbarmachung von Lebensmitteln, zur Synthese und Modifikation von Produkten (z.B. Käse, Yoghurt, Stärkeverzuckerung, Wein, Bier). Wir nutzen diesen Wissensvorsprung und bauen ihn aus. So engagieren wir uns auch in der Gentechnologie, etwa mit dem Ziel, Organismen für wirkungsvollere Enzyme zu entwickeln, auch mit der Absicht, leistungsfähigeres Saatgut zu züchten oder für Rohstoffe von besserer Ergiebigkeit, Qualität und der Tauglichkeit zu industrieller Verarbeitung zu sorgen.

Die Bemühungen von Unternehmen, Staaten und internationalen Unternehmen zu einer umfassenden Verbesserung der Ernährungslage sind nicht ohne Aussichten auf Erfolg. Anerkannte Experten vertreten die Meinung, daß bei einer vernünftigen Nutzung der agrarischen Ressourcen unseres Planeten und aller technischen Möglichkeiten auf Dauer bis zu 15 Milliarden Menschen ernährt werden könnten. Zu den Voraussetzungen dafür, daß wir dieses Ziel erreichen, gehören verbesserte politische Verhältnisse und – unmittelbar damit zusammenhängend – eine den Problemen angepaßte, umfassendere und intensivere internationale Zusammenarbeit.

Die zentrale Rolle der Industrie in der Zusammenarbeit für eine dauerhafte Verbesserung der Ernährungslage besteht darin, leistungsfähige Strukturen zu schaffen und sich dadurch in die Lage zu versetzen, einen Beitrag zur Versorgung der rasch wachsenden städtischen, aber auch der ländlichen Bevölkerung zu leisten. Ich möchte hier nicht weiter auf die dafür notwendigen technischen Mittel eingehen und mich stattdessen den uns vor diesem Hintergrund zweckmäßig erscheinenden Grundsätzen der Führung der Gesamtunternehmen zuwenden.

Unternehmenspolitische Grundsätze

Die spezifische Situation der Ernährungsindustrie verlangt nach entsprechenden unternehmenspolitischen Grundsätzen, was *Unternehmensaufbau und -struktur,* den *Denkhorizont* und was die *Prioritätensetzung* betrifft. Es gibt dabei keine richtigen oder falschen Grundsätze; ich beschreibe das, was mir aufgrund der heute wahrnehmbaren Entwicklungen, mit denen die Nahrungsmittelindustrie konfrontiert ist, als sinnvoll und zweckdienlich erscheint und was bei Nestlé auch schon weitgehend umgesetzt wurde.

Der gesamte *Unternehmensbau* und die *Struktur* richten sich nach drei Grundsätzen:

– Dezentralisierung von Entscheidungen: Weltweite Aktivitäten können auf den Konsumgütermärkten in der Regel nur dann erfolgreich und effizient gestaltet werden, wenn sie namentlich den jeweiligen lokalen Gewohnheiten der Verbraucher, der spezifischen Wettbewerbssituation und Mentalität in einem Markt Rechnung tragen. Wir betrachten unser internationales Hauptquartier in der Schweiz auf keinen Fall als Nabel der Welt. Durch das hohe Ausmaß an Autonomie, das den Länderchefs – bei Nestlé verantwortlich für die Aktivitäten auf dem lokalen Markt – eingeräumt wird, erreichen wir nicht nur mehr operationelle Stärke und Flexibilität der Gesamtunternehmen, wir gelangen auch zu Entscheidungen und Maßnahmen, die der spezifischen Situation besser angepaßt sind. Weiter erhöhen wir die Motivation der Mitarbeiter und die Bereitschaft zur Identifikation mit ihrer Tätigkeit und der Unternehmung.

In diesem Zusammenhang stellt sich die wichtige Frage des Maßes der Autonomie, inwieweit sich die den Län-

derchefs eingeräumte Entscheidungsfreiheit auch auf Grundsätze, Strategien oder Verhaltensweisen erstreckt, inwieweit auch hier Unterschiede nach Ländern, Regionen oder Produktegruppen zuzulassen seien. Es handelt sich dabei meines Erachtens um eine Schlüsselfrage in Bezug auf den Erfolg einer Gesellschaft, eine Frage, die nicht immer die ihr zustehende Beachtung findet. Natürlich werden strategische Konzepte am Hauptsitz der Firma in Vevey entwickelt. Allgemeine Grundsätze werden ebenfalls in der Zentrale formuliert; auch die besonders weitreichenden Zukunftsentscheide fallen dort.
Doch im allgemeinen bemühen wir uns darum, die Einheitlichkeit der Politik auf das notwendige Minimum zu beschränken. Dieses Minimum an Einheitlichkeit wird dann konsequent durchgesetzt, außer der Verantwortliche des Marktes könnte gute Gründe aufbringen, die eine Abweichung rechtfertigen. Wir bemühen uns selbstverständlich um ein Höchstmaß an Uniformität bei den Systemen und Methoden. Doch die lokale Personalpolitik, das Marketing, die Produkteigenschaften, generell alle Fragen, die die Konsumenten und den lokalen Wettbewerb betreffen, werden weitgehend am Ort des Geschehens festgelegt. Wir versuchen, uns zu integrieren, aber ohne die Identität zu verlieren. Jedermann sollte wissen, was Nestlé ist und woher Nestlé kommt.

- Breite Streuung kleiner Einheiten: Nestlé besteht aus 370 über alle Kontinente verteilte Fabriken, von denen nur eine einzige mehr als 2000 Mitarbeiter beschäftigt. Wir verteilen damit die Risiken und vermeiden dabei gleichzeitig die verschiedenen Gefahren des Gigantismus.
- Strukturen, die ein Maximum an vertikalem und horizontalem Wissens- und Erfahrungsaustausch ermöglichen und bewirken: Wir fördern das Gespräch zwischen den verschiedenen über die Welt verteilten Einheiten, um ein

Maximum an Synergie zu erzielen. Die Rotation des internationalen Personals soll helfen, Wissen weiterzutragen. Forschung und Entwicklung gruppieren sich nach einem Konzept der dezentralisierten Konzentration: Nestlé betreibt ein Grundlagenforschungszentrum in der Schweiz und ein Netz von 18 Entwicklungszentren verteilt über vier verschiedene Kontinente – jede Einheit nahe beim Markt und einer relevanten Produktionseinheit.

Das internationale Hauptquartier in der Schweiz hat sehr viel von einem Dienstleistungszentrum. Es ist verantwortlich für die weltweite Koordination zwischen einzelnen Märkten, es stellt Wissen und Können sowie Experten bereit für Fragen zu Produktion, Marketing, Organisation etc., soweit dieses Wissen nicht permanent vor Ort verfügbar ist. Das Zentrum sorgt für die Entwicklung der international tätigen Führungskräfte sowie für die Grundfinanzierung, und es koordiniert die Forschungseinheiten.

Der *Denkhorizont für unsere Unternehmenspolitik* und ein Großteil unserer Maßnahmen ist *langfristig*. Wir versuchen ein Ertragsniveau zu halten, das uns dieses langfristige Denken, Planen, Handeln erlaubt: Solange man um das kurzfristige Überleben kämpfen muß, ist das kaum möglich. Bei der Frage nach dem Denkhorizont handelt es sich auch darum, klar zwischen Strategie und Taktik zu unterscheiden. Wir möchten den Krieg gewinnen, nicht nur einzelne Schlachten oder Gefechte. Hier treffen sich übrigens die kommerziellen Grundsätze mit dem weltweiten Interesse an umfassenden und dauerhaften Beiträgen zur Lösung der Ernährungsprobleme. Ich glaube, daß generell – auf allen Ebenen und zwischen den meisten Interessengruppen – mehr längerfristiges

Denken zahlreiche Probleme und Konflikte ausräumen würde.

Dritte und letzte Gruppe von Prinzipien: Unsere *Prioritäten*:

- Wir orientieren uns zuerst auf die Mitarbeiter und die Produkte, und nur in zweiter Linie auf die Systeme. Wir betrachten die konsequente Ausrichtung der Unternehmenspolitik auf die Mitarbeiter – Angestellte und Führungskräfte – als eine entscheidende, wenn nicht sogar *die* entscheidende Komponente für langfristigen Erfolg. Wir richten unser besonderes Augenmerk auf die Auswahl der Führungsmannschaft und deren Ausbildung und Weiterentwicklung. Das hohe Maß an Dezentralisation – geographisch und nach Kompetenzen – zwingt zu einem Höchstmaß an Sorgfalt bei dieser Auswahl. Substantielle Investitionen in der Management-Entwicklung dürfen nicht gescheut werden, um eine Führungsmannschaft aufzubauen, die nicht nur leistungsfähig ist, sondern auch eine klare Vorstellung von den Zielsetzungen der Nestlé-Gruppe hat. Wir bemühen uns um unser Verhältnis zu den Mitarbeitern, deren Qualitäten und Wissen, und wir setzen auf die soziale Verantwortung mit ihren klaren langfristigen Vorteilen für eine Unternehmung. Dem Betriebsklima, einem direkten und persönlichen Führungsstil, der Glaubwürdigkeit der Führungspersönlichkeiten nach innen und nach außen messen wir größte Bedeutung bei.
- In Bezug auf unsere zweitwichtigste Priorität, die Produkte, möchte ich kurz bleiben: Die Existenz einer Firma wie Nestlé ist nur gerechtfertigt, wenn wir in der Lage sind, Produkte zu offerieren, die in ihrer Qualität, den angebotenen Diensten, der Vielfalt und dem Preis den Bedürfnissen der Konsumenten entsprechen und dem

Vergleich mit dem Angebot der Konkurrenz standzuhalten vermögen, die sich im Wettbewerb bewähren.
- Dritte Priorität: Systeme und Methoden. Wir sind uns ihrer Notwendigkeit und Wert in komplexen Organisationen voll bewußt. Doch die Systeme sind und bleiben ein Hilfsmittel, sie dürfen niemals zum Selbstzweck werden. Dazu gehört, daß wir organisatorische Strukturen bevorzugen, die möglichst einfach gestaltet sind und mit möglichst wenig Hierarchiestufen und weiten Kontrollspannen, mit einem Minimum an Bürokratie funktionieren.

Mit diesen Grundsätzen und Regeln fühlen wir uns in der Lage, die langfristige Entwicklung optimal zu gestalten, und wir glauben, daß wir uns im notwendigen Maße an die sich verändernden Verhältnisse anpassen können. Prognosen erweisen sich meist nur zufällig als „richtig", deshalb ist die Anpassungsfähigkeit so wichtig wie das Aufstellen von Zielen, um die Wettbewerbsfähigkeit zu erhalten.

Regionale Märkte und ihre Besonderheiten

Beurteilt man die einzelnen Märkte nach ihren Entwicklungsaussichten über das Jahr 2000 hinaus und versucht dabei eine erste, grobe Klassierung, so ergeben sich drei Typen: Märkte mit hohem Bevölkerungswachstum, aber geringer Kaufkraft (Entwicklungsländer); Märkte mit stagnierender, dabei rasch überalternder Bevölkerung mit hoher Kaufkraft (Nord- und Westeuropa, Japan); Märkte mit anhaltendem Bevölkerungswachstum (um etwa 1 % pro Jahr) bei hoher Kaufkraft (Nordamerika, Australien).

Wenden wir uns zuerst den Märkten der Entwicklungsländer zu. Die potentielle Nachfrage nach industriell veredelten Nahrungsmitteln ist hier bedeutend. Von den Folgen der Urbanisierung war bereits die Rede. Die Idylle des Kleinbauernmarktes mit frischen Produkten dürfte in einer 25-Millionen-Stadt wie Mexiko City im Jahr 2000 alleine schon an den Distanzen scheitern.

Zweitens stellen wir fest, daß die Frauen der Dritten Welt zunehmend neben der Haushaltarbeit auch auswärts noch arbeiten müssen. Wir kennen diese Entwicklung aus unserer Geschichte: Julius Maggi, Gründer einer Firma, die heute zur Nestlé-Gruppe gehört, begann sich bereits 1870 Gedanken darüber zu machen, was die Folgen davon seien, daß immer mehr Frauen in seinen Fabriken arbeiteten, ihnen dadurch die Zeit fehle, um die damals arbeitsintensiven Mahlzeiten zuzubereiten. Um die als Folge der Überlastung der Hausfrau immer unausgewogenere Ernährung wieder ins Gleichgewicht zu bringen, entwickelte Maggi eine leicht zuzubereitende Erbsensuppe in Pulverform mit hohem Nährwert. Seine Idee verband ein zukunftsträchtiges Geschäft mit einem Beitrag zur Verbesserung der Ernährungs- und Gesundheitssituation der Bevölkerung. Unsere Anstrengungen sind auch heute darauf gerichtet, noch einfachere, preiswerte und schnell zuzubereitende Nahrungsmittel nach nationalen Gebräuchen und mit hohem Gehalt auf den Markt zu bringen. Um der in den meisten Entwicklungsländern sehr ungünstigen Devisenlage Rechnung zu tragen, um einen Beitrag zum Aufbau der Wirtschaft des Landes zu leisten und um etwas für die lokale Kaufkraft zu tun, werden sich die international tätigen Nahrungsmittelfirmen auch stark darum bemühen müssen, daß deren Forscherteams lokale Rohstoffe der

Standortländer von Tochterfirmen in der Dritten Welt auf deren Verwendbarkeit im Rahmen ihrer Produktions- und Marketingprogramme prüfen.

Die Gruppe der Entwicklungsländer ist in keiner Weise homogen. Entsprechend verfolgt Nestlé eine Art Doppelstrategie. Einerseits werden Produkte auf der Basis lokaler Rohstoffe an lokale Eßgewohnheiten angepaßt sowie besonders preiswerte Nahrungsmittel entwickelt und vertrieben. Anderseits decken wir in diesen Ländern einen steigenden Bedarf an klassischen Nestlé-Produkten aus anderen Ländern. Je nach den Umständen auf den jeweiligen Märkten liegt dabei das Gewicht eher auf der einen oder der anderen Hauptstrategie. In einzelnen Ländern wie Singapur, in Städten neu industrialisierender Staaten oder in Ölmetropolen zum Beispiel ist die Nachfrage nach unseren klassischen Produkten sicher bedeutender als anderswo in der Dritten Welt. Wachsende Bevölkerungskreise kommen über Arbeit oder Medien mit dem westlichen Lebensstil in Berührung, es entsteht dadurch eine Art Parallelmarkt der Leute mit etwas höherer Kaufkraft. Die international tätigen Nahrungsmittelfirmen müssen auch hier ihr Wissen einsetzen, um dazu beizutragen, daß solche Bedürfnisse effizient befriedigt werden können.

Die zweite Gruppe von Märkten umfaßt Länder wie USA, Australien, mit wachsender Bevölkerung bei hoher Kaufkraft. Die Aussichten für die Nahrungsmittelindustrie sind dort besonders gut; zu den Wachstumsraten des Umsatzes unserer Industrie dank besserer Qualität und dadurch höherer Wertschöpfung kommen mit der Bevölkerung wachsende Verkaufsmengen. Hier werden wir verstärkte Anstrengungen unternehmen, um unsere Position auszubauen und um unsere Verkäufe zu entwickeln. In den USA kommt als zusätzliche Anforderung hinzu, daß strategische Positionen aufgebaut werden müssen, um im Wettbewerb zu bestehen. Vor dem Hintergrund dieser Gegebenheiten ist auch ein Teil unserer Akquisitionspolitik zu sehen.

In der dritten Gruppe von Märkten (vor allem Nordeuropa, Westeuropa, Japan), auf die ich nochmals etwas genauer eingehen möchte, stagnieren als Folge des Nullwachstums der Bevölkerung die Verbrauchsmengen an Nahrungsmitteln. Trotzdem bestehen auch auf diesen Märkten nach wie vor reelle Chancen, den Wert der von der Nahrungsmittelindustrie angebotenen Produkte und Leistungen zum Nutzen des Konsumenten auszuweiten. Ich nenne hier vier Stichworte, die für unsere Industrie der Zeit bis 2000, wahrscheinlich auch darüber hinaus, eine wichtige Rolle spielen werden: Neue Eßgewohnheiten, Convenience, Frische, Gesundheitsbewußtsein. Die meisten der folgenden Überlegungen und Feststellungen gelten übrigens auch für die eben skizzierte zweite Gruppe von Märkten.

In Bezug auf die Eßgewohnheiten lassen sich in den Industrieländern zwei Trends erkennen: Eine – ausgehend von einem bereits hohen Niveau – weiter wachsende Beschäftigungsquote bei Frauen, aber auch unterschiedliche Arbeits- und Schulzeiten von Familienmitgliedern führen dazu, daß am Mittag zunehmend auswärts gegessen wird: In betriebsinternen Restaurants, in Schulen und Tagesheimen, dazu als separates Phänomen die Altersheime. Fastfood-Ketten zeigen, daß der Wunsch junger Leute, in Gesellschaft zu essen, dank deren Kaufkraft zunehmend erfüllt werden kann. Zu Hause sind die Eßsitten lockerer geworden, die Familienmahlzeiten nach dem festen Ritual aus der Zeit vor der Industrialisierung werden seltener. Es gibt eine steigende Zahl individueller Mahlzeiten, durch die Verkleinerung der Haushalte und innerhalb der Haushalte durch das Verhalten des Einzelnen. Inner- und außerhalb des Haushaltes werden Mahlzeiten – sei es um Zeit oder Kalorien zu sparen – durch eine leichte Zwischenmahlzeit ersetzt.

Wir beobachten hier also eine Polarisierung: auf der einen Seite eine Vielzahl von normalen Verzehrsituationen, die nicht als besonderes Ereignis empfunden werden, auf der anderen Seite die wenigen verbleibenden, dadurch noch aufwendigeren Mahlzeiten innerhalb der Familie oder bei Einladungen.

Beides sind echte Chancen für die Industrie, die sie nutzen muß. Das geschieht auf der einen Seite zunehmend mit portionierten und Convenience-Produkten. Dabei kommt dem Qualitätsanbieter entgegen, daß je länger je weniger eine einzelne Person – etwa die Hausfrau – die Kaufentscheidung trifft: Die individuelle Markenpräferenz nimmt zu. Eine ähnliche Entwicklung zur Convenience, ebenfalls bei hohen Qualitätsansprüchen, wird im übrigen auch bei der Nachfrage durch professionelle Küchen sichtbar. Auf der anderen Seite gilt es, den wachsenden Qualitätsansprüchen für „festliche" Mahlzeiten entgegenzukommen.

Das Bedürfnis nach Frische und ein zunehmendes Gesundheitsbewußtsein führen dazu, daß die Anforderungen in Bezug auf Forschung und Entwicklung, Verfahren, Präsentation und Distribution weiter steigen. Dadurch wird die Gefahr, daß einzelne Nahrungsmittel zu austauschbaren Stapelgütern werden, entweder vermindert oder, wenn dies doch eintritt, bieten sich gangbare Auswege für qualitätsbewußte Produzenten.

Diesen Strukturwandel gilt es vor dem Hintergrund einiger Besonderheiten der Märkte zu beobachten. Zwei Phänomene prägen die letzten Jahre: die Konzentration der Nahrungsmittelindustrie auf der einen und der Lebensmittelverteiler auf der anderen Seite. Man hat die Konzentration der Industrie zum Teil heftig kritisiert, doch die hauptsächliche Angst, die Konkurrenz würde auf dieser Ebene nicht mehr spielen, ist unbegründet. Nestlé arbeitet unter ununterbrochenem und starkem Konkurrenzdruck, bleibt dadurch auch fit. Die Kritiker haben zuweilen vergessen, die Entwicklung des Einzelhandels zu beobachten. Starke Verteilerketten sind heute dazu in der Lage, Konditionen herauszuholen, die kleinere Händler klar benachteiligen. Sicher hat die Konzentration des Handels dessen Effizienz gefördert, und zweifellos werden auch Teile der Preisvorteile an die Kunden weitergegeben. Doch mit der Konzentration des Handels sind sichtbare Nachteile verbunden. Die für den Kunden bequeme Feinverteilung in Läden im Quartier, die Versorgung in ländlichen Gebieten hat sich verschlechtert. Die Sortimentspolitik der Großverteiler erschwert nicht nur den Markteintritt neuer Anbieter, sondern auch die Versuche mit dem Verkauf neuer Produkte ohne vorherige massive Werbeunterstützung. Die Strukturen sind damit in einer Zeit mit nachgewiesenermaßen höherem Innovationsbedarf in ihrer Tendenz neuerungsfeindlich. Ich rechne allerdings damit, daß in den kommenden 5 – 10 Jahren der Prozeß der Konzentration des Handels auslaufen wird.

Folgerungen

1. In einer sich ständig verändernden Welt mit Unterschieden nach Ländern und Regionen wird die Unternehmensführung im Rahmen ihrer langfristigen Konzeption ein Maximum an *Flexibilität* einsetzen müssen, um auf im Zeitablauf und regional verschiedene Umstände reagie-

ren zu können und trotzdem der Hauptherausforderung, dem Nahrungsmittelbedarf durch das hohe Bevölkerungswachstum, durch einen dauerhaften Beitrag begegnen zu können.
2. Als besondere *Stärke* unserer an der erwarteten Entwicklung unserer Umwelt orientierten *Grundsätze* zur Unternehmensführung betrachten wir das hohe Maß an Dezentralität, das langfristige Denken und Handeln sowie die eindeutige Priorität in der Orientierung auf Mitarbeiter.
3. Mit ihrem spezifischen *Marketing* und ihrer *Produktepolitik* versucht die Nestlé-Gruppe
   – in Entwicklungsländern mit einem Maximum an Erfahrung aus den Industrieländern Fehler zu vermeiden, in einer doppelten Strategie sowohl Produkte, die auch in Industrieländern vermarktet werden, zu verkaufen, gleichzeitig Produkte zu entwickeln, die in Bezug auf Preis, Eßgewohnheiten und Rohmaterialien auf die lokalen Verhältnisse abgestimmt sind;
   – in den Industrieländern mit wachsender Bevölkerung die Anstrengungen zu erhöhen;
   – in sämtlichen Industrieländern, auch jenen mit schwach oder gar nicht mehr wachsender Bevölkerung, die Marktposition durch Forschung, Entwicklung, Neuerung und Qualitätsverbesserung zusammen mit einer starken Markenpolitik weiter zu verbessern und zu festigen.
4. Wir vertrauen darauf, daß wir mit unserer Strategie in der Lage sind, den heute sichtbaren Trends der Märkte und der Umwelt zu entsprechen, und daß die von uns geschaffenen Strukturen in der Lage sein werden, sich selbst, aber auch die Strategie den neuen Entwicklungen vor und nach dem Jahr 2000 anzupassen.

Carl H. Hahn:

Mitarbeiter

Unsere wertvollste Ressource

Die Arbeitswelt von morgen wird durch die hohe Fertigungstechnologie bestimmt sein, wie sie bei Volkswagen mit der berühmten Halle 54 vorgezeichnet ist, die unter Experten als Beispiel eines vorläufigen Höchstmaßes an Technik gilt. Diesem Aspekt mit hoher Mechanisierung, also dem Ersatz menschlicher Arbeitskraft durch ineinandergreifende Geräte und Arbeitsabläufe, steht die humanitäre Seite gegenüber: die Abschaffung von Überkopfarbeit und manuellem Transport schwerer Teile ebenso wie die Abkoppelung der Mitarbeiter vom Taktzwang und die optimale Anwendung ergonomischer Erkenntnisse. Das Resultat ist eine neue Fabrik, neu nicht nur in technologischer, sondern auch in sozialer Hinsicht. Damit erweist sich die Technologie nicht nur auf technischem, sondern auch auf sozialem Gebiet als fortschrittlich.

In der Halle 54 arbeiten Handhabungsautomaten und automatisierte Montageeinrichtungen, aber auch 5 000 Menschen in zwei Schichten. Eine vollautomatisierte, menschenleere Fabrik wird es nicht geben, wie jeder Sachkundige weiß. Zwar sind bestimmte Bereiche der Produktion, wie etwa das Preßwerk oder der Rohbau in der Automobilfabrikation, weitgehend mechanisierbar, aber auch dort ist der Mensch als Programmierer, Instandhalter, Warter und Beherrscher unerläßlich.

Eine bestimmte Sorte von Arbeit – Schweißen etwa, Schrauben, Kleben, Bohren – wird da, wo sie unter den Bedingungen industrieller Produktion vorkommt, d.h. wo sie sich ständig in gleicher Weise wiederholt, zunehmend den Maschinen überlassen. Dies dient nicht zuletzt auch den Zielen notwendiger Humanisierung. Denn der Natur des Menschen sind solche permanenten Wiederholungstätigkeiten wenig gemäß.

Diese Arbeit muß der Mensch nicht mehr immer schneller tun, damit die Produktivität steigt. Der Mensch wird mehr und mehr zum Denkenden und Lenkenden in der Produktion. Er wird aus der Bindung an den Arbeitstakt der Maschine herausgenommen. Seine Verantwortung wird größer. Er ist der Gestalter. Er ist der Kreative.

In diesem Sinne wird er zunehmend eingesetzt und nicht verbraucht für Arbeiten, die auch eine Maschine machen kann. In der industriellen Produktion der Zukunft wird der Mensch als Fachmann überall gebraucht, um die hochkapitalisierten Anlagen sicher zu machen. Denn die Verfügbarkeit und Nutzungsdauer der Anlagen werden zu entscheidenden Produktivitätskriterien.

Der Fahrzeugbau jedenfalls kann auch in Zukunft auf vielfältige manuelle Tätigkeiten des Menschen nicht verzichten. In der Weiterentwicklung der Fertigungstechnik dominiert der kontinuierliche Fortschritt. Dabei ist nichts abzusehen, was unsere Anpassungsfähigkeit überfordern könnte.

Der Maschinenmensch mit Fähigkeiten, die der menschlichen Intelligenz gleichkommen, ist nirgendwo in Sicht. Bei der vieldiskutierten Sensorik im Zusammenhang mit Robotern im Montagebereich sind wir vorerst an Grenzen gestoßen, wenngleich Grenzen auf lange Sicht immer verschoben werden. Der Aufwand ist aber gegenwärtig noch verhältnismäßig hoch, und beim Zusammenfügen der Teile zum fertigen Auto ist der Mensch mit seiner geistigen und körperlichen Flexibilität auf überschaubare Zeit fast allen anderen technischen Konzepten weit überlegen.

In der Fabrik der Zukunft geht ohne den Menschen auch künftig nichts. Bei Volkswagen sind zur Zeit 1 500 Handhabungsautomaten im Einsatz. In unserer Planung 2000 wird unterstellt, daß aus heutiger Sicht bei insgesamt 4 000 Robotern in allen Werken eine gewisse Sättigung eintreten wird.

Die neuen Techniken stärken die Wettbewerbsfähigkeit und sind keine Jobkiller

Rationalisierung ist ein ständiger Prozeß, und wer sich ihm entzieht, verliert die Konkurrenzfähigkeit, koppelt sich von der Zukunft ab und gefährdet damit das Unternehmen als Ganzes. Die These von der technologisch bedingten Arbeitslosigkeit erweist sich aufgrund der bisherigen Erfahrungen und Realitäten als falsch. Der Zuwachs der Arbeitsproduktivität je Erwerbstätigenstunde ist in den vergangenen Jahrzehnten ständig zurückgegangen – von sechs Prozent in den 50er Jahren über fünf Prozent in den 70er Jahren auf etwas mehr als zwei Prozent in unserem Jahrzehnt.

Parallel dazu hat es einen starken Rückgang unserer volkswirtschaftlichen Investitionsquote gegeben, und zwar von 25 Prozent auf 20 Prozent in den 70er Jahren. Es wurde also zu wenig in moderne Technik investiert. Die modernen Techniken bedrohen nicht die Beschäftigung. Konsequent angewendet verbessern sie die Wettbewerbsfähigkeit und damit die Beschäftigungsmöglichkeiten. Die deutsche Automobilindustrie bietet dafür das beste Beispiel. Gerade sie ist es, die in verstärktem Maße die neuen Fertigungstechniken einsetzt. Deshalb liegt sie auch gut in den Märkten, so daß die Produktionsentwicklung günstig ist. Das hat dazu geführt, daß im Zeitraum von 1983 bis 1986 sich in der deutschen Automobilindustrie die Zahl der Arbeitsplätze um fast 60 000 erhöht hat – trotz der neuen Techniken. Zieht man die von dieser Entwicklung insgesamt ausstrahlenden Beschäftigungseffekte mit in die Betrachtung ein, dann sind es sogar rund 140 000 Arbeitsplätze, die zusätzlich geschaffen wurden.

Wir müssen den Menschen helfen, ihre Ängste zu überwinden

Eine der wesentlichen Folgen des Einsatzes der neuen Technologien ist, daß es zu einer neuen Wertschätzung des arbeitenden Menschen als unserer wertvollsten Ressource überhaupt kommt. Die Arbeitswelt von morgen wird unter anderem dadurch bestimmt, inwieweit es gelingt, durch Bildung und durch eine menschengerechte Arbeitsorganisation die vorhandenen Ängste zu überwinden: Angst vor der Gigantomanie der Technik, das Gefühl, der Technik und ihrem raschen Wandel ausgeliefert zu sein, Angst auch vor der Disqualifikation durch die Technologie. Deshalb müssen Zustände und Bedingungen herbeigeführt werden, unter denen niemand Angst zu haben braucht.

Die Qualifikation unserer Mitarbeiterinnen und Mitarbeiter ist schon bisher unser wichtigstes Kapital im Wettbewerb. Hier befinden wir uns mitten in einer neuen Offensive. Die Ansprüche sind auf allen Gebieten höher geworden. Die Aufwendungen der Wirtschaft für die Weiterbildung haben sich in den letzten zehn Jahren mehr als verdoppelt, mittlerweile betragen sie mehr als zehn Milliarden Mark pro Jahr. Volkswagen betrachtet Bildungsinvestitionen als gleichrangig mit Sachinvestitionen.

Der Volkswagen-Konzern bietet allen Mitarbeitern die gleichen Chancen für das berufliche Fortkommen; bei entsprechender Eignung steht jede Position offen. Überall im Volkswagen-Konzern gelten für die Bildungsarbeit einheitliche Grundsätze. In diesem Rahmen formuliert jedes Unternehmen selbst Bildungsinhalte und Bildungsziele und orientiert sich dabei an den wirtschaftlichen, sozialen, politischen und rechtlichen Gegebenheiten seines Standortlandes und, ganz besonders, seiner eigenen Identität und Kultur.

Wo immer Volkswagen sich wirtschaftlich engagierte und internationale Produktionsstätten aufbaute, importierte es auch sein Konzept einer fundierten beruflichen Erstausbildung für Fachkräfte. Zu einer Zeit, als die internationale bildungspolitische Diskussion sich noch ganz anderen Themen zuwandte, mußten eigene Ausbildungsinitiativen ergriffen werden, die in den Standortländern heute zu Recht als Pionierleistungen anerkannt werden. Die Facharbeiterausbildung in Brasilien und Mexiko, in Südafrika und Nigeria erfolgt nach europäischen Leistungsmaßstäben. Für den qualifizierten Mitarbeiter ist sie der erste Schritt auf dem Weg lebenslangen beruflichen Lernens.

Im Volkswagen-Konzern wird kooperativ geführt. Die Bildungsarbeit orientiert sich auf allen Ebenen an einem auch von der Gesellschaft und den Mitarbeitern akzeptierten Bildungsziel: dem Ziel des selbstverantwortlichen kooperativen, motivierten, aber auch kritikfähigen Menschen.

Technisch-ökonomische Erfordernisse und individuelles Bildungsstreben der Mitarbeiter müssen durch das betriebliche Bildungsangebot in gleichem Maße befriedigt werden. Nur ein Mitarbeiter, der für sich und seine berufliche Entwicklung Chancen sieht, wird seine Energie verstärkt auf das gemeinsame Ziel des Konzernerfolgs richten.

Maßstäbe für Hierarchie und Autorität ändern sich

Führungskräfte sind heute und in Zukunft besonders gefordert. Jeder von ihnen muß seine fachliche Enge aufgeben und zu einer Orientierung kommen, die gleichermaßen technologisch, ökonomisch und sozial ist. Schwierigkeiten entstehen in der Praxis zuweilen dadurch, daß im Konkurrenzdenken verhafteten Managern die soziale Kompetenz, das heißt die Fähigkeit zur Kommunikation und zur Schaffung von Teamgeist fehlt.

Wir haben einfach zur Kenntnis zu nehmen, daß die Technologie auch die alten Maßstäbe der Hierarchie und insbesondere der Autorität verändert. Kein Unternehmen kann zwar auf Autorität, auf Kompetenz und klare Entscheidungskriterien verzichten. Was sich aber wandelt, ist die Grundlage, auf der Autorität beruht. Sie fließt nicht mehr aus dem Amt, aus dem Titel, aus der Kontrollkompetenz und dem Informationsmonopol, Autorität ist kein Resultat einer hierarchischen Plazierung mehr, sondern wird bestimmt durch Ausstrahlung und Überzeugungskraft auf der Basis von Können, durch kooperativen Führungsstil, durch Leistungsbereitschaft, Engagement, Planungs- und Organisationstalent.

Die alten Hierarchie- und Autoritätsbegriffe passen nicht mehr in die Arbeitswelt von heute und morgen. Aus Arbeitern werden mehr und mehr Vorgesetzte – Vorgesetzte von kostspieligen Maschinen. Und aus Vorgesetzten von heute werden Führungskräfte, die zu führen und nicht zu befehlen haben, was ein großer Unterschied ist.

Leistungsfähigkeit wird auch durch kulturelle Faktoren bestimmt

Um in dieser Welt zurechtzukommen, genügt es nicht, daß sich der Mensch über seine ökonomischen und technischen Lebensumstände im klaren ist. Ethisch-moralische, religiöse Orientierungen müssen hinzukommen. Die Leistungsfähigkeit einer Volkswirtschaft wird durch technische und kulturelle Faktoren bestimmt. Die Erfolge Japans sind hierfür ein besonders gutes Beispiel.

Seit Adam Smith ist die Ökonomie von der Philosophie getrennt. Vielleicht müssen wir in diesem Punkt zur klassischen griechischen Philosophie zurückfinden, die den Menschen immer ganzheitlich betrachtet hat. Insbesondere die aristotelische Philosophie sah ja die politischen, ökonomischen und ethischen Aspekte des menschlichen Daseins als Einheit an. Auf jeden Fall müssen wir uns klar bewußt sein, daß der Mensch ein Wertesystem braucht, an dem er sein Handeln ausrichten kann.

Wir brauchen eine Renaissance überlieferter Werte. Vor allem anderen muß auf die zentrale Bedeutung der Leistung im Leben des Menschen hingewiesen werden. Sie ist keine vom Kapitalismus erdachte Kategorie. Im Osten wird sie geradezu verherrlicht. Ohne Leistung ist menschliche Entwicklung überhaupt nicht denkbar. Die übergroße Mehrheit erbringt Leistung jeden Tag, nicht als Fron, sondern als selbstverständliches Element des Lebens.

Ein Wertesystem ist nicht nur im allgemeinen Leben des Menschen unerläßlich, auch in seiner Arbeitswelt sollte er sich auf Werte stützen können, die im ganzen Unternehmen verpflichtend sind und seine „Kultur" ausmachen. Dabei geht es zunächst darum, die Leistung des Unternehmens für die Gesellschaft bewußt zu machen.

Wer für Volkswagen, Audi oder SEAT tätig ist, arbeitet in einem erweiterten Sinne für das Automobil. Das Auto ist in den 100 Jahren seiner Existenz zu dem Symbol und zu einer Notwendigkeit für die moderne Industriegesellschaft geworden. Es hat in unserem Lande ebenso wie in einer Reihe anderer Staaten eine zentrale Bedeutung. Mehr als vier Millionen Arbeitnehmer verdanken allein in der Bundesrepublik Deutschland ihre Beschäftigung direkt oder indirekt dem Automobil. Das Automobil ist eine Gemeinschaftsleistung, an der neben dem Automobilhersteller selbst eine Vielzahl von Unternehmen aus nahezu allen

Branchen beteiligt ist. Wer für das Auto arbeitet, erbringt damit einen bedeutsamen Beitrag für die materielle Wohlfahrt unseres Landes.

Unternehmensidentität gewinnt zentrale Bedeutung

Der Automarkt ist durch eine weitere erhebliche Verschärfung des globalen Wettbewerbs gekennzeichnet. Dies zwingt den europäischen und insbesondere den deutschen Automobilbau, neue Anstrengungen zur Verbesserung der Produkte und der Fertigung sowie zur Reduzierung der Kosten zu unternehmen. Aber nicht nur die optimale Ausnutzung der technischen und betriebswirtschaftlichen Ressourcen steht hier im Mittelpunkt, sondern auch die eindeutige Identifikation von Mitarbeitern und Absatzorganisation mit den Zielen und Strategien des Unternehmens nimmt mehr und mehr eine zentrale Bedeutung ein. Produkt, Werk und Belegschaft müssen zusammen als homogenes Unternehmen und überzeugende Marke erkennbar werden, damit der Kunde sie von ihrer Einstellung und Erscheinung her sofort zuordnen kann.

Auch in Zukunft werden die am besten fahren, die konsequent an ihrer Identität festhalten und sie zum Ausgangspunkt der Zukunftsstrategie machen. Wir haben bei Volkswagen in den zurückliegenden Jahren die Anstrengungen erheblich verstärkt, um unseren Mitarbeiterinnen und Mitarbeitern die Konturen der Persönlichkeit unseres Unternehmens deutlich zu machen.

50 Jahre Volkswagen Käfer – ein Kapitel deutscher Automobilgeschichte

Ein Jubiläum besonderer Art konnte der Volkswagen-Konzern am 17. Oktober 1985 feiern. An diesem Tag war 50 Jahre zuvor der Volkswagen zum ersten Mal – als Prototyp – auf der Straße. Der Käfer hat damit den 100jährigen Weg des Automobils zur Hälfte begleitet, und er war dabei die Basis für den Aufbau eines Unternehmens mit führender Bedeutung in der Weltautomobilindustrie.

Die Existenz und Geschichte von Volkswagen nach 1945 war über drei Jahrzehnte hinweg untrennbar mit dem Erfolg des Käfers verbunden. Der Volkswagen gab dem Aufschwung der deutschen Wirtschaft der Nachkriegszeit entscheidende Impulse. Er wurde zu einem Symbol des Wiederaufbaus und der Exportkraft der deutschen Wirtschaft.

Der Käfer, damals seiner Zeit weit voraus und für viele andere konstruktives Vorbild, kam – analog der in den USA so erfolgreich gewesenen „Tin Lizzy" von Ford – breiten Bevölkerungsschichten zugute und symbolisierte damit für Europa, in dem das Auto damals weithin noch der Oberklasse vorbehalten war, eine neue automobilistische Richtung.

Vom Volkswagen zum Erfolgswagen

Über viele Jahre hinweg bestimmte der Käfer nicht nur die Wolfsburger Fertigung. Mit ihm gelang dem Unternehmen beispielsweise auch in den 50er Jahren der Sprung in die USA. In Lateinamerika ist Volkswagen mit diesem Modell zum bedeutendsten Automobilhersteller geworden und bis heute geblieben. In über 150 Länder wurde der Käfer im Laufe der Zeit exportiert und hat sich auf vielen Märkten beachtliche Positionen erobert.

Besonders in den Vereinigten Staaten erwarb sich der Käfer eine Popularität ohnegleichen; so betrug z.B. im Jahr 1963 sein Anteil am Importwagenabsatz in den USA mehr als 60 %. Der Käfer wurde zum Hauptdarsteller in Walt-Disney-Produktionen, zum Romanhelden, zur Hauptfigur in Cartoons, zum Objekt von Werken der Pop-Art. Werbeaussagen für den Käfer waren allgemeiner Gesprächsstoff und wurden an Hochschulen diskutiert und analysiert.

Volkswagen – das war der Käfer

Jahrzehntelang hat der Käfer das Bild des Unternehmens geprägt. Der Käfer war Volkswagen und umgekehrt. Die Menschen, die ihn gebaut und verkauft haben, waren stolz auf die Popularität des Wagens. Sie identifizierten sich mit diesem Produkt, denn es verkörperte Tüchtigkeit und technische Einmaligkeit.

Der Käfer war nicht nur Symbol einer ganzen Epoche deutscher Wirtschaftsgeschichte; er war auch das Produkt, in dem sich das Streben der Belegschaft unseres Konzerns nach Qualität, kostengünstiger Fertigungstechnologie, Zuverlässigkeit und Wirtschaftlichkeit wiederfand. Durch kontinuierliche Weiterentwicklung blieb seine Technik immer auf der Höhe seiner Zeit.

Golf – Ideal und Ideenträger

Die Einstellung der Käfer-Produktion in Deutschland hinterließ zunächst im Selbstverständnis – sowohl bei den Kunden von Volkswagen als auch bei den Mitarbeitern des Unternehmens – eine Lücke. Das kompakte, aber leistungsfähige, dabei sichere und wirtschaftliche Auto war von Anfang an das erklärte Ziel von Volkswagen. Den mit dem Käfer gewonnenen erheblichen Erfahrungsschatz hinsichtlich Verarbeitung, Zuverlässigkeit, Lebensdauer und Gebrauchstüchtigkeit galt es auf seine Nachfolger zu übertragen.

Anfang der 70er Jahre bekam die Idee des Kompaktwagens entscheidenden Auftrieb – verursacht insbesondere durch Ölpreisschock, Umweltdiskussion und gewachsenes Energiebewußtsein. Volkswagen hatte lange im voraus das Gespür für den internationalen Trend entwickelt und bald eine neue, breitgefächerte Fahrzeuggeneration auf der Basis wassergekühlter Motoren entworfen. Sie kam im richtigen Augenblick und paßte exakt in die Zeit: 1973 wurde der Passat eingeführt; 1974 kam der Golf auf den Markt. Der entscheidende Schritt in eine neue Ära war getan.

Der Golf errang – wie vor ihm der Käfer – sehr schnell den Ruf, ein Fahrzeug für die gesamte Breite unserer Gesellschaft zu sein. Er begründete eine neue Fahrzeugklasse, die Golf-Klasse. Sein Konzept, seine zahlreichen Vorzüge – wie z.B. guter Komfort, Fahrspaß, Kaufsicherheit und Gebrauchstüchtigkeit – und sein unkonventionelles Profil wurden für viele Autofahrer zum Ideal, für seine Wettbewerber zum Maßstab für Technik und Design.

Kontinuität und Fortschritt

Mit dem heutigen Golf, der im August 1983 seinen Vorgänger nach neun Jahren ablöste, entstand erstmals in der 100jährigen Geschichte des Automobils ein Fahrzeug, das in seinen konstruktiven Details auf sehr weitgehend mechanische, d.h. auf den fortschreitend automatisierten Ablauf umgestellte Herstellung abgestimmt ist. Dieser Golf ist das Ergebnis fünfjähriger intensiver Entwicklungsarbeit. Die charakteristische und millionenfach bewährte Grundkonzeption des Vorgängers ist geblieben, verbessert wurden jedoch Funktionalität, Aerodynamik, Wirtschaftlichkeit, Qualität und Komfort. Und so setzt der Golf wieder einmal für einen Wagen dieser Größe neue Maßstäbe – nicht nur im Rahmenangebot.

Was wir sind und was wir wollen

Die Werte aus unserer Unternehmensgeschichte sind immer noch wichtiger Bestandteil unserer Firmenkultur. Im

Laufe der Zeit haben sich jedoch die Produktpalette und die Größenordnung unseres Unternehmens verändert. Auch deshalb wurde eine Aktualisierung der auf dem Käfer basierenden Philosophie notwendig.

Volkswagen ist nicht mehr die – historisch begründete – Identifizierung mit einem Produkt; Volkswagen ist heute nicht nur mehr Golf als Käfernachfolger – sondern auch Polo, Jetta, Passat, Transporter, bis hin zum 21 t Lkw in Brasilien. Auch die Leistungen der V.A.G. Leasing, der V.A.G. Kredit Bank und der interRent gehören zur Volkswagen-Angebotspalette.

Volkswagen, das heißt aber auch: einer der größten Arbeitgeber in der Bundesrepublik Deutschland mit vorbildlichen sozialen Leistungen. Das Schicksal von weltweit ca. 280000 Menschen und ihren Familien an den zahlreichen in- und ausländischen Standorten hängt direkt vom Volkswagen-Konzern ab. Hinzu kommen viele hunderttausend Beschäftigte in der Zulieferindustrie bis hin zu den Vertragshändlern.

Hieraus ergibt sich eine große Verantwortung aller bei Volkswagen Beschäftigten für die Zukunftssicherung des Unternehmens. Sie hängt auch davon ab, was die Öffentlichkeit von uns weiß und glaubt. Dabei wird uns ein einheitlicher und unverwechselbarer Auftritt in der Öffentlichkeit zugute kommen.

Corporate Identity wächst von innen

Die Voraussetzung für ein positives und klares Image ist ein klares Eigenbild des Unternehmens, d.h. die Identität unseres Unternehmens – unsere Corporate Identity. Sie kann nicht von außen kommen, sondern sie wächst von innen und ist ein Prozeß von Dauer, der alle Bereiche des Unternehmens einschließt.

Mit dem Beginn der Käfer-Fertigung entwickelte sich bei Volkswagen die Firmenkultur, die bis heute die Basis für den notwendigen Konsens im Unternehmen ist. Die technische Entwicklung aktiv voranzutreiben, sie zu beherrschen, für den Kunden immer wieder intelligente technische Lösungen bieten, die keine geringere Perfektion aufweisen als viel teurere Konzepte – auch diese Maxime hat sich Volkswagen zur Tradition gemacht.

Volkswagen ist zwar das jüngste, gleichzeitig ist es aber auch das internationalste europäische Automobilunternehmen. Nach 1948 war Volkswagen mit dem Käfer und dem ebenso legendären Transporter ein Pionier der Internationalität. Auch jetzt und in Zukunft bauen wir auf unsere Fähigkeit, neue Marktsegmente und neue Märkte erschließen zu können. Wir sind entschlossen, die sich uns bietenden weltweiten Marktchancen konzentriert auszuschöpfen. Heute erzielen wir 70 Prozent unseres Konzern-Umsatzes im Ausland, und 60 Prozent unserer Inland-Produktion gehen in den Export.

Wir orientieren uns bei unserer Arbeit in erster Linie an den Interessen des Kunden, der heute in jedem Dorf ein Weltmarktangebot zu seiner freien Auswahl vorfindet und letztlich über alles bestimmt: Über Absatz, Umsatz, Gewinn, die Zahl der Arbeitsplätze und die Höhe unserer Einkünfte.

Wir orientieren uns weiter an gesellschaftspolitischen Wandlungen. Mit aller Kraft forcieren wir das saubere, umweltverträgliche Auto. Wir verfügen auf diesem Gebiet über die fundierteste Erfahrung aller europäischen Hersteller. Volkswagen und Audi haben beschleunigt Motoren mit

Abgasreinigung entwickelt, und wir bieten zur Zeit das breiteste Angebot an Abgasreinigungskonzepten in Europa an.

Volkswagen strebt mit der forcierten Herausstellung von Identität und Kultur an, Werte und Ansprüche des Unternehmens zur persönlichen Herausforderung für jeden einzelnen Mitarbeiter zu machen. Denn wir müssen gerade heute begreifen, daß menschliche Verhaltensweisen über die Unternehmensentwicklung mehr als andere Faktoren bestimmen. Wir machen unseren Mitarbeiterinnen und Mitarbeitern die Leistungen bewußt, auf denen unsere Unternehmensbasis beruht. So wird deutlich, daß wir heute, was Innovationsmöglichkeiten und Kapitalausstattung anlangt, viel günstigere Voraussetzungen als früher haben, um erfolgreich zu sein.

Wir bekennen uns zum Prinzip der Kooperation statt der Konfrontation – im Betrieb wie in den Arbeitsbeziehungen allgemein. Aber wir weichen auch Konflikten nicht aus, insbesondere, wenn sie notwendig sind der Einstellung entgegenzutreten, unser Lebensstandard ließe sich mit Verträgen regeln, die Forderungen festschreiben, denen keine entsprechende Leistung gegenübersteht.

Wenn Arbeit und Kapital konsensfähig bleiben und die Wettbewerbsverhältnisse des Weltmarktes nicht außer acht lassen, dann haben wir alle Chancen, eine unvergleichlich gute Konstellation zu nutzen. Denn wir leben in einer Zeit, in der die Technik progressive Innovationsmöglichkeiten bietet. Kompetenz auf allen Ebenen allein reicht aber nicht aus, Stimmung und Atmosphäre sind ebenso entscheidend. Auch hierfür wurde die Volkswagen-Maxime bereits in der Ära Heinrich Nordhoffs geprägt, von dem das Wort stammt: „Wertvoll an einem Unternehmen sind nur die Menschen, die dafür arbeiten, und der Geist, in dem sie ihre Arbeit tun."

Heinrich Weiss:

Managementstrategien im internationalen Großanlagenbau

Der Maschinen- und Anlagenbau ist mit einem Umsatz von mehr als 160 Mrd. DM im Jahre 1985 und mit rund einer Million Beschäftigten der größte deutsche Industriezweig. Knapp zwei Drittel der Produktion wird exportiert. Das Spektrum des Maschinenbaus, der sich in 37 Fachzweige untergliedert, reicht von der Büro- und Informationstechnik über Näh- und Bekleidungsmaschinen bis zum Großanlagenbau.

Für die wirtschaftliche Entwicklung der Bundesrepublik Deutschland spielt der Großanlagenbau eine bedeutende Rolle. Er hat sich zu einem wichtigen Faktor unserer exportorientierten Volkswirtschaft entwickelt. Im Jahr 1985 erreichten die Auftragseingänge ein Volumen von 21 Mrd. DM bei einer Exportquote von 65 %. Der Anteil der Entwicklungsländer am Auslandsauftragseingang betrug 47 %, auf die sozialistischen Länder entfielen 28 % und auf die Industrieländer 25 %.

Besonderheiten

Der Großanlagenbau weist im Vergleich zu anderen Sparten des Maschinenbaus einige Besonderheiten auf, die bei allen strategischen Überlegungen zu berücksichtigen sind.

Ein wesentliches Kennzeichen des Großanlagenbaus ist die ausgeprägte Einzelfertigung, die es erlaubt, ganz spezielle Wünsche der Kunden zu erfüllen. Die Berücksichtigung dieser individuellen Kundenwünsche führt dazu, daß jede Anlage ein Unikat darstellt und sich mit bereits abgewickelten Projekten nur bedingt vergleichen läßt.

Der Markt für Großanlagen weist darüber hinaus eine hohe Transparenz auf. Großprojekte sind im allgemeinen schon im Frühstadium bekannt. In der Regel werden sie weltweit ausgeschrieben, und der Projektfreigabe gehen oft jahrelange Verhandlungen voraus. Es gibt nicht sehr viele Anbieter, denn nur wenige Firmen besitzen genügend Know-how, Kapazität und Finanzkraft, um Aufträge im Großanlagenbau abzuwickeln. Da der Kunde mit seiner Kaufentscheidung ein hohes Risiko eingeht, verlangt er den Nachweis von Referenzanlagen und fragt bei neuen Projekten deshalb zumeist bei den Unternehmen an, die schon ähnliche Anlagen erstellt haben. Es liegt somit eine typische Oligopolsituation vor. Der Kreis der Anbieter ist zwar beschränkt, aber zwischen ihnen herrscht ein harter Wettbewerb.

Ein weiteres Merkmal des Großanlagenbaus ist die langwierige Akquisitionsphase und der große Zeitraum für die Abwicklung eines Auftrags. Ich will dies einmal am Beispiel des Kaltwalzwerks Baoshan erläutern, das wir für die Volksrepublik China liefern. Die Anfrage für das Walzwerk erhielten wir im Dezember 1978. Der Abschluß erfolgte im Juni 1980, nachdem in der Endphase 75 Techniker und Kaufleute des Konsortiums 16 Monate lang verhandelt hatten. Nach einem zwischenzeitlichen Storno im Januar 1981 wurde der Auftrag schließlich im Frühjahr 1982 endgültig freigegeben. Für die Abwicklung waren ursprünglich fünf Jahre vorgesehen. Auf Wunsch unseres chinesischen Kunden haben wir uns mit einer weiteren Verlängerung um drei bis fünf Jahre einverstanden erklärt, so daß wir diesen Auftrag erst 1989 abrechnen können; er beschäftigt uns also für einen Zeitraum über 10 Jahren. Das gesamte Vertragswerk für das Kaltwalzwerk umfaßt 130 Bände mit 12 000 Seiten Vertrags- und Spezifikationstext.

Anbietergemeinschaften

Beim Großanlagenbau haben die Einzelaufträge zuweilen außerordentliche Dimensionen, die in einem sehr hohen Auftragswert und in einem großen Arbeitsvolumen zum Ausdruck kommen. So hatte beispielsweise der Auftrag für das Warmwalzwerk Baoshan, den wir im Dezember 1984 erhielten, einen Gesamtwert von 1,4 Mrd. DM. Davon entfielen allein auf unsere Firma 758 Mio. DM. Das Arbeitsvolumen dieses Auftrages beträgt 80 % einer gesamten Jahreskapazität des Unternehmens.

Da industrielle Großanlagen höchst komplex sind und Spezialkenntnisse aus vielen Bereichen erfordern, treten statt Einzelanbietern in der Regel Anbietergemeinschaften auf. Die Zusammenarbeit mehrerer Firmen erfolgt dabei in Form von Arbeitsgemeinschaften, Konsortien oder Generalunternehmerschaften und schließt im allgemeinen die

Beteiligung noch weiterer Firmen und die Einschaltung von Unterlieferanten mit ein. Das bereits erwähnte Kaltwalzwerk Baoshan wird beispielsweise unter unserer Gesamtverantwortung mit insgesamt 17 Konsorten aus 5 Ländern erstellt.

In den vergangenen Jahren haben die Kunden an die Lieferanten immer höhere Anforderungen gestellt. Heute muß der Anlagenbauer zahlreiche zusätzliche Dienstleistungen erbringen. So erwarten insbesondere die Kunden aus Entwicklungs- und Schwellenländern von uns, daß wir ihr Betriebspersonal bei uns und im Kundenland schulen. Zuweilen schließt die Schulung sogar das Management mit ein.

Eine weitere Dienstleistung stellen die Gegengeschäfte dar, in deren Rahmen der Anlagenbauer Produkte des Kunden übernimmt und selbst vermarktet.

Know-how-Transfer und Financial Engineering

Für die Auftragsvergabe ist des weiteren die Bereitschaft zum Know-how-Transfer von großer Bedeutung. So muß der Anlagenbauer dem Kunden im allgemeinen alle Konstruktionspläne überlassen. Zum Know-how-Transfer zählt auch die Aus- und Weiterbildung von Ingenieuren, und schließlich wünscht der Kunde häufig, daß Teile des Auftrags bei ihm unter Anleitung des Anlagenbauers hergestellt werden.

Zwischenzeitlich ist auch das Financial Engineering zu einem entscheidenden Wettbewerbsfaktor geworden. Vor allem Kunden aus Entwicklungs- und RGW-Ländern, aber auch aus den USA, erwarten, daß der Anlagenbauer eine langfristige Finanzierung des Auftrags anbietet. Häufig müssen europäische Lieferanten schon allein deshalb mit japanischen Konzernen zusammenarbeiten, weil diese eine zinsgünstige Finanzierung beibringen können.

Die genannten Besonderheiten des Großanlagenbaus lassen schon erkennen, welche Risiken und Probleme mit diesem Geschäft verbunden sind. Die Risiken beziehen sich auf die Bonität des Kunden, die wirtschaftliche und politische Stabilität des Käuferlandes und auf die Zuverlässigkeit der Konsorten.

Die große Dimension eines Einzelauftrages führt zu erheblichen Schwankungen im Gesamtauftragseingang einer Lieferfirma. Hieraus ergeben sich Probleme, die Engineering- und Fertigungskapazitäten kontinuierlich auszulasten, und es stellt sich für den Großanlagenbauer immer wieder die Frage, welches die optimale Kapazität ist, die er mittel- und langfristig vorhalten soll. Der Großauftrag für das Warmwalzwerk Baoshan beispielsweise führte bei uns zu einer Auslastung der Konstruktion bis zu 160 %, was nur durch Überstunden und Neueinstellungen und durch Hinzuziehung von Fremdbüros zu bewältigen war.

Die vom Kunden gewünschten zusätzlichen Dienstleistungen bringen starke Belastungen mit sich. So sind wir derzeit durch die Aus- und Weiterbildung von etwa 250 chinesischen Facharbeitern und Ingenieuren in hohem Maße zusätzlich beansprucht.

Wettbewerbsprobleme

Ein weiteres Problem ist der politische Einfluß auf die Auftragsvergabe. Hier ist zunächst der allgemeinpolitische Einfluß zu nennen. Auftraggeber für Hüttenanlagen sind heute überwiegend staatliche Unternehmen, die politische Wünsche ihrer Regierungen berücksichtigen müssen. Besonders deutlich wird dieser Einfluß, wenn beispielsweise der Besuch eines hochrangigen Staatsgastes mit der Unterzeichnung eines Großauftrags gekrönt wird. Auch manche wirtschaftspolitische Faktoren wirken sich negativ auf die Auftragsvergabe aus.

Ein Grundübel für den funktionsfähigen Wettbewerb ist auch der Protektionismus. Beispielsweise vergibt Frankreich Aufträge nur an französische Firmen. In Italien besteht eine ähnliche Tendenz, und Spanien z.B. erlaubt nur die Einfuhr von Engineering, nicht aber die Einfuhr von Anlagenteilen.

Der Wettbewerb wird des weiteren durch Finanzierungssubventionen verzerrt, die manche Länder ihren Unternehmen gewähren. Wir haben Ende 1983 zwei Großaufträge in Korea an ein japanisches Unternehmen und ein japanisch-deutsches Konsortium verloren, da Japan in beiden Fällen Entwicklungshilfemittel in Höhe von 25 % des Projektwertes zur Verfügung gestellt hat. Damit war es unseren Wettbewerbern möglich, einen Kredit über 22 Jahre mit 6 Freijahren zu einem Zinssatz von 6,5 % zu gewähren, was gegenüber deutschen Marktbedingungen hochgerechnet einem Preisvorsprung von 34 % entsprach. Insgesamt steht der deutsche Großanlagenbau heute folgender Situation gegenüber:

Das Projektvolumen auf dem Weltmarkt hat sich erheblich verringert. Die Finanzierungssubventionen, die in fast allen wichtigen Konkurrenzländern zu Verfügung gestellt werden, ermöglichen es zahlreichen Anbietern, die Preise auf ein sehr niedriges Niveau zu drücken. Die Lage der Hüttenindustrie ist dadurch gekennzeichnet, daß sich die Höhe der Stahlproduktion vom Wirtschaftswachstum abgekoppelt hat und daß die Wachstumsraten des Stahlverbrauchs geringer ausfallen, als dies noch vor einigen Jahren prognostiziert wurde. Dies ist nicht zuletzt auf den technischen Fortschritt zurückzuführen, der bei Stahlverbrauchern wie dem Automobilbau Einsparungen an Gewicht und Substitutionen von Stahl durch Kunststoffe mit sich bringt.

Strategisches Konzept

Zur Bewältigung der beschriebenen Risiken und Probleme ist ein strategisches Konzept erforderlich, das am Beispiel unseres Unternehmens im folgenden kurz skizziert werden soll.

Ein wesentliches Element unserer Strategie ist die vermehrte Abwicklung von Projekten über Länder mit niedrigerem Kostenniveau und günstigeren Finanzierungbedingungen. Um an ausländischen Finanzierungssubventionen teilhaben zu können, muß die Anlagenfertigung schwerpunktmäßig im Land des Kunden oder des Subventionsgebers erfolgen, während wir uns auf Engineeringleistungen konzentrieren. Beim Kaltwalzwerk Baoshan haben wir den Gesamtauftrag aus Finanzierungsgründen auf sechs Länder verteilt. Dabei entfielen von dem Gesamtvolumen von 1,3 Mrd. DM auf uns selbst nur noch 265 Mio. DM.

Wir bauen außerdem unser weltweites Lizenz- und Kooperationsnetz weiter aus und beziehen dabei insbesondere die Entwicklungs- und Schwellenländer ein. So konnten wir bereits umfassende Zusammenarbeitsverträge mit der VR China und Indien abschließen.

Wir unterstützen unsere Kunden darüber hinaus im Rahmen der Vorfeldakquisition, indem wir für sie beispielsweise Feasibility-Studien und Wirtschaftlichkeitsberechnungen anstellen. Zuverlässigkeit und Liefertreue sind weitere wesentliche Bedingungen für langfristig erfolgreiche Geschäftsbeziehungen.

Die enge Zusammenarbeit mit unseren Kunden schließt den Bereich der Forschung und Entwicklung mit ein. Viele unserer Neuentwicklungen sind gemeinsam mit dem Kunden durchgeführt worden und haben die Wettbewerbsfähigkeit beider Partner gestärkt.

Auch bei uns selbst versuchen wir den technischen Fortschritt beschleunigt umzusetzen. Mit modernster Computer-Technologie konnten wir die Produktivität sowohl in der Konstruktion (CAD) als auch in der Fertigung (CAM, NC, CNC-Maschinen) erhöhen. Bei der Fertigung konzentrieren wir uns im übrigen auf Kernkomponenten mit hohem Fertigungs-Know-how.

Da das Großanlagengeschäft mit hohen Risiken behaftet ist, muß für schwierige Situationen und mögliche Durststrecken rechtzeitig Vorsorge getroffen werden. Eine ausreichende Reserven- und Liquiditätsbildung spielt hierbei eine zentrale Rolle. Dem tragen wir mit unseren konservativen Bilanzierungsgrundsätzen Rechnung.

Fünf Thesen zur Unternehmensphilosophie

Unsere auf die zuvor genannten Chancen und Probleme des Großanlagenbaus ausgerichtete Unternehmensphilosophie enthält – sehr verkürzt ausgedrückt – fünf Kernthesen:

Erstens die Sicherung des Unternehmens durch langfristige Maximierung der Rendite des eingesetzten Kapitals. Dieser Grundsatz klingt wie eine Binsenweisheit. Es ist jedoch gerade bei den Risiken des Großanlagenbaus immer wieder wichtig, die ausreichende Eigenkapitalrendite im Auge zu behalten. Während in den 70er Jahren diese wichtige Zielsetzung vielfach zu Gunsten einer Erhöhung des Umsatzes vernachlässigt worden ist, hat hier zwischenzeitlich wieder ein Umdenken eingesetzt. Auch viele Arbeitnehmervertreter haben inzwischen erkannt, daß Arbeitsplätze nur in den Unternehmen sicher sind, die schwarze Zahlen schreiben. Die langfristige Gewinnmaximierung ist auch eine notwendige Voraussetzung für die Erhöhung der in der Bundesrepublik Deutschland in den letzten 15 Jahren stark geschrumpften Eigenkapitalquoten. Nur wenn ein Unternehmen mit genügend Eigenkapital ausgestattet ist, kann es jedoch Gefahren der konjunkturellen Abschwächung und einschneidender Veränderungen von Marktstrukturen durchstehen.

Als Verbund von Firmen, die mittelständisch geprägt sind, sind wir bestrebt, in jedem Marktsegment, das wir bearbeiten, Marktführer zu sein. Dieser zweite Unternehmensgrundsatz läßt sich bei einer Unternehmensgruppe unserer Größenordnung nur realisieren, wenn wir unsere Geschäftstätigkeit auf sehr enge Teilmärkte beschränken, so daß wir dort die Chance haben, Weltmarktführer zu werden.

Hieraus folgt unmittelbar der dritte Unternehmensgrundsatz, der besagt, daß wir alle Produkte weltweit vermarkten. Mit unserer Orientierung auf den Weltmarkt verringern wir unser unternehmerisches Gesamtrisiko, weil dadurch konjunkturell oder strukturell bedingte Schwächen in einem bestimmten Kontinent leichter durch vermehrte Geschäftsabschlüsse in anderen Regionen ausgeglichen werden können.

Die Führung auf einem Produktgebiet kann man nur erreichen und behaupten, solange man auf dem Gebiet der Forschung und Entwicklung erhebliche Anstrengungen unternimmt und technische Spitzenleistungen erbringt. Dieser vierte Unternehmensgrundsatz besagt jedoch nicht, daß der technische Fortschritt um jeden Preis forciert werden soll. Der mögliche technische Vorsprung ist vielmehr nur soweit auszuweiten, wie es den Kundenwünschen entspricht und der Kunde im Vergleich zum Leistungsangebot der Konkurrenten auch zu zahlen bereit ist. Darüber hinausgehende technische Anstrengungen bringen überproportional hohe Risiken und Kosten mit sich und werden im Preis nicht honoriert.

Der fünfte Grundsatz besagt, daß die Unternehmensgruppe dezentral zu organisieren ist. Dementsprechend sieht die Struktur des SMS-Verbundes kleine selbständig geführte Einheiten entweder in Form von Divisions- oder von Tochterunternehmen vor, deren Geschäftsführung sich ausschließlich auf den jeweiligen Teilmarkt konzentriert und dafür die Gesamtverantwortung trägt. Diese überschaubaren Unternehmenseinheiten sind sehr flexibel, haben einen geringen overhead und werden unternehmerisch geführt. Darüber hinaus stärken sie ganz erheblich die Motivation der Führungskräfte und ihrer Mitarbeiter.

Neben diesen für unsere Unternehmensphilosophie charakteristischen fünf Grundsätzen setzen wir als zusätzliches

Strategieelement zur allgemeinen Risikoverringerung auf die weitere Diversifikation unseres Unternehmensverbundes.

Entscheidung für neue Märkte

Wir haben festgestellt, daß es sich bei Hüttenanlagen langfristig um einen stagnierenden Markt handelt. Deshalb haben wir schon ab Ende der 60er Jahre nach einem neuen Produktbereich gesucht, um uns somit ein weiteres Bein zu schaffen. Dieser neue Produktbereich sollte mehrere Anforderungen erfüllen. Zunächst einmal sollte der neue Teilbereich ein überdurchschnittliches Wachstum aufweisen. Dann mußte die Möglichkeit bestehen, darin später einmal Weltmarktführer zu werden. Da wir für ein „conglomerate" zu klein sind, sollte das Erzeugnis aus dem Bereich des Maschinenbaus stammen. Eine weitere Anforderung bestand in der Unabhängigkeit von der Hüttentechnik. Schließlich war gewünscht, daß keine Großanlagen, sondern nur Einzelprodukte oder Kleinserien gefertigt werden, um auch hier eine Risikostreuung zu erreichen.

Wir entschieden uns für den Bereich der Kunststoffverarbeitungsmaschinen. Mit dem Kauf der Firma Battenfeld 1977 leiteten wir dann eine externe Diversifikation ein, die sich als erfolgreich erwies. Das Produktprogramm der Stammfirma Battenfeld rundeten wir dann durch den Zukauf weiterer Unternehmen, die Kunststoffverarbeitungsmaschinen herstellen, in mehreren Ländern ab. Heute ist die Gruppe Battenfeld mit über 4 000 Mitarbeitern und einem weltweiten Auftragseingang von ca. 900. Mio DM die größte Herstellerin von Maschinen für die Kunststoffverarbeitung und hat in weniger als 10 Jahren Aufbau an Umsatz und Mitarbeiterzahl die Muttergesellschaft SMS überholt.

Reiner M. Gohlke:

Management im politischen Umfeld

Die Bahn galt bisher bei vielen als nicht oder nur sehr eingeschränkt managebar. Wirtschaftliche Ziele, wie Kostendeckung, mehr Marktfähigkeit, Kapazitätsanpassung, und politische Ziele, wie Aufrechterhaltung der Schienenbedienung in der Fläche, Sicherung der Arbeitsplätze, Förderung strukturschwacher Regionen, Vorhaltung von Kapazitäten für Krisenfälle, standen zueinander im Widerspruch. Der Managementgedanke, Eigentümer und Geschäftsführung zu trennen, schien bei der Bahn als Bundesverwaltung nicht durchführbar.

Die rechtliche Stellung der Bahn als Sondervermögen des Bundes ohne eigene Rechtspersönlichkeit mit gleichzeitiger enger Bindung an den Staat über gesetzlich verankerte Aufsichtsrechte hinsichtlich Personalentscheidungen, Finanzierung, Tarifierung, Dimensionierung der Anlagen und Gestaltung der Organisation trugen zur Unbeweglichkeit bei. Betriebspflicht, Beförderungspflicht und Tarifpflicht zwangen sie gesetzlich zu vermeintlich unrentablen Leistungen.

Der heute noch praktizierte Ordnungsrahmen ist in den Anfängen der industriellen Entwicklung Deutschlands entstanden. Er geht auf eine Zeit zurück, in der die Eisenbahn noch eine Monopolstellung hatte und die primäre Ausrichtung auf den Wettbewerb mit anderen Verkehrsträgern nicht notwendig war.

Die Wende auf dem Verkehrsmarkt brachte das Automobil, speziell seit der Phase des Wirtschaftswunders nach dem Krieg. Unter wechselseitiger Förderung von Straßenverkehrsinfrastruktur und Kraftfahrzeugbestand entstand ein nahezu perfektes Netz für den Individualverkehr: 143 000 km neue Straßen (davon 5 800 km neue Autobahnen), 30 Mio. Fahrzeuge, gegenüber 1950 eine Steigerung um das Zehnfache. Das Auto als Statussymbol Nummer eins drückte den Marktanteil der Bahn im Personenverkehr von 37,7 % auf 6,5 %. Der Rückgang des Marktanteils um die Hälfte auf 33 % im Güterverkehr konnte durch die ordnungspolitischen Rahmenbedingungen zum Schutz der DB nicht aufgehalten werden.

Die Zielkonflikte in der Aufgabenstellung, der psychologisch und teilweise auch faktisch durch den politischen Ordnungsrahmen eingeschränkte Freiraum engten die Handlungsfähigkeit der Bahn bis zur Unbeweglichkeit ein, der Rückgang der Marktanteile und damit einhergehend Verluste und Verschuldung lösten Diskussionen über die Existenzberechtigung der Bahn aus. Beides führte die DB in die Lähmung und Identitätskrise.

Neues Management

Ein entscheidender Meilenstein im Innovationsprozeß wurde durch die Novellierung des Bundesbahngesetzes Ende 1981 gesetzt, nach der es nun möglich war, eine neue zentrale Führungsstruktur aufzubauen, die sich an in der Wirtschaft bewährten Führungsgrundsätzen orientiert. Für die Vorstandsmitglieder, Präsidenten und Fachbereichsleiter wurde ein öffentlich-rechtliches Amtsverhältnis auf Vertragsbasis vorgesehen. Damit war die Herauslösung der Geschäftsleitung aus dem Beamtenverhältnis auf den beiden obersten Führungsebenen vollzogen; der Weg war auch geebnet, Manager aus der Industrie leichter für die Bundesbahn zu gewinnen.

Damit war jedoch nicht die enge Verklammerung der Unternehmensleitung mit der Politik beseitigt. Die Abhängigkeiten konnten jedoch durch Absprachen zwischen dem Bundesminister für Verkehr und dem Vorstand der DB gemildert und so der Handlungsspielraum des Vorstands ohne Gesetzesänderung erweitert werden.

Die Vorgehensstrategie und die neue Führungsstruktur der Unternehmensspitze wurden vor Amtsantritt des neuen Vorstands von einer kleinen Arbeitsgruppe von designierten Vorstandsmitgliedern und Eisenbahnern vorbereitet, wobei viele Ideen aufgegriffen wurden, die bei der Bahn schon vorhanden waren.

Das eigentlich Neue und Entscheidende dabei war:

- neues Selbstverständnis der Bahn,
- nüchterne Situations- und Perspektivenanalyse,
- personenbezogener Führungsanspruch mit Ergebnisausrichtung.

Die zentralen Aufgaben, bisher von einem Generalbevollmächtigten für Absatz und Produktion und drei Abteilungsleitern, die dem Vorstand unmittelbar unterstellt waren, als fachliche Spitze geleitet, wurden auf sieben Vorstandsressorts neu aufgeteilt *(Bild 1, S. 149)*. Dabei wurde konsequent unterschieden in

- Ressorts mit direkten Durchführungs- und Entscheidungskompetenzen (Absatz, Produktion, Technik),
- Ressorts mit Unterstützungs- und Entscheidungsfreigabekompetenzen (Personal, Finanzen und Recht, Planung und Steuerung).

Für die komplexe Aufgabe der Informations- und Steuerungsprojekte zur Einführung des datenbegleitenden Transports wurde ein stellvertretendes Vorstandsmitglied bestellt.

Aus der Kreuzung und Verknüpfung der Kompetenzen nach dem Matrixmodell ergibt sich der für ein so großes Unternehmen wie die DB wichtige Zwang, daß zu bedeutenden Unternehmens-Entscheidungen der Konsens mindestens zweier Betroffener notwendig wird bzw. daß Konflikte vor der Entscheidung ausgetragen werden müssen oder bei der Entscheidung deutlich werden.

Wirtschaftliche Startbedingungen

Die Bestandsaufnahme der wirtschaftlichen Situation der DB und ihrer mittel-/längerfristigen Perspektiven nach dem Vorstandswechsel im Mai 1982 ergab, daß eine Neorientierung der Unternehmenspolitik dringend geboten war *(Bild 2, S. 150)*:

– Der Jahresfehlbetrag war von rund 1 Mrd. DM in 1970 auf rd. 4,1 Mrd. DM gestiegen.
– Die Verschuldung hatte sich mit 36 Mrd. DM gegenüber 1970 mehr als verdoppelt; bei anhaltender Tendenz wäre das Eigenkapital bis 1988 aufgezehrt worden.
– Die Ausgleichszahlungen des Bundes waren im gleichen Zeitraum von 3,5 Mrd. DM auf 13,2 Mrd. DM gestiegen.
– Der gesamte „Mittelbedarf" der DB (Deckungslücke) aus Bundesleistungen und Nettokreditaufnahmen vom Kapitalmarkt war auf über 15 Mrd. DM gestiegen.
– Die Personalausgaben erreichten 67 % der Aufwendungen und sogar 78 % der Erträge.
– Die Zinsbelastung entsprach 11 % der Gesamterträge bzw. 17 % der eigenen Erträge.

Die Weiterentwicklung unter Status-quo-Bedingungen hätte den Anstieg des Jahresfehlbetrages auf über 10 Mrd. DM und den Anstieg der Verschuldung auf über 90 Mrd. DM bis zum Jahr 1990 bedeutet bei weiterem jährlichen Nettokreditbedarf von rd. 12 Mrd. DM bzw. Gesamtzuschußleistungen von rd. 25 Mrd. DM. Diese Bahn wäre auf Dauer und unter Anerkennung ihrer gesamtwirtschaftlichen Vorteile wie geringer Flächenverbrauch, geringe Umweltbelastung, Energiesparsamkeit, Unabhängigkeit von Ölvorkommen, hohe Verkehrssicherheit und Unersetzbarkeit für Ballungsverkehr und den Transport von Massengütern nicht mehr finanzierbar gewesen.

Für eine dauerhafte Existenzsicherung des Unternehmens war insbesondere das überkommene Eisenbahnverständnis in Frage zu stellen. Die Rahmenbedingungen im Verkehr haben sich gegenüber den Monopolzeiten der

Bahn grundlegend verändert. Harter Wettbewerb findet statt. Bei den gesunkenen Markanteilen wirkte der Slogan, die Bahn sei Rückgrat des Verkehrs, absurd. Der Staat wollte und konnte die zunehmenden Belastungen daraus nicht mehr tragen.

Eine Lösung war nur durch eine grundsätzliche Umorientierung zu erwarten, durch Rückbesinnung auf Kundennutzen, Nachfrage und die spezifischen Vorteile der Bahn. Die Erkenntnis lautet: Es ist besser, einen Markt mit auskömmlichen Erträgen zu haben, als ein Gesetz oder einen Titel im Regierungshaushalt. Ein gutes Geschäft ist auch im politischen Umfeld die beste Basis für die Existenzsicherung eines Unternehmens. Auf diese Feststellung läßt sich die nun eingeleitete Neuorientierung der Bahn von der Verwaltung zum Unternehmen bringen.

Diese Erkenntnis im politischen Raum und in der „Behörde Bahn" durchzusetzen, war eine der schwierigsten Aufgaben des Managements: Sie ist die eigentliche Innovation.

Kurzfristige Maßnahmen

Der Innovationsprozeß selbst mußte so angelegt werden, daß er den negativen Trend der wirtschaftlichen Entwicklung der DB kurzfristig stoppt und längerfristig umkehrt. Die Vorgehensstrategie dazu ließ sich auf folgende Grundpositionen zusammenfassen:

– Auf das jetzt Machbare konzentrieren.
– Organisation und Führungsinstrumente verbessern.

- Zukunftsstrategie entwickeln.
- Strukturprobleme lösen.

Wichtig war zunächst einmal, die Kosten des laufenden Jahres in den Griff zu bekommen, um eine bessere Relation der Kosten zu den Einnahmen herzustellen. Darüber hinaus bescherte damals die Schwächung im Güterverkehr einen Einnahmenrückgang um 1,2 Mrd. DM gegenüber dem Planansatz, dem auf der Aufwandseite durch eine rigorose Ausgabenreduzierung begegnet werden konnte. Der geplante Fehlbetrag von 4,1 Mrd. DM konnte sogar geringfügig unterschritten werden.

Strategie DB '90

Gleichzeitig wurde eine längerfristige Strategie mit Zeithorizont 1990 (DB '90) entwickelt, die von einem realistischen, der Leistungsfähigkeit der Bahn entsprechenden Marktanspruch auf der Basis marktfähiger Angebote und einer entsprechenden Absatzpolitik ausgeht.

Ziel der Strategie ist, vereinfacht dargestellt, eine im jährlichen Durchschnitt um rund 1 % höhere Steigerung der Erträge gegenüber den Aufwendungen, d.h. die Preispolitik der DB muß auch die generelle Aufwandsentwicklung berücksichtigen. Im Umkehrschluß müssen Mindererträge unterjährige Steuerungsmaßnahmen auf der Aufwandsseite in Gang setzen.

Aus Modellrechnungen ergaben sich drei strategische Hauptzielgrößen für den Zeitraum 1982 bis 1990:

- Steigerung der Produktivität real um 40 %.
- Reduzierung des Personalaufwandes real um 30 %.
- Reduzierung des Gesamtaufwandes real um 25 %.

Den Schwerpunkt dieser Strategie bildet die Anpassung der Kapazitäten an den tatsächlichen Bedarf sowohl beim Personal als wesentlicher Aufwandsgröße unserer Gewinn- und Verlustrechnung als auch bei den Anlagen und Fahrzeugen. Bestandteil der Strategie sind auf der anderen Seite auch Investitionen für den Zeitraum 1984 bis 1990 von rund 40 Mrd. DM zur Rationalisierung und Modernisierung zukunftsträchtiger Bereiche.

Markt- und Produktinnovation

Voraussetzung für die Realisierung dieser anspruchsvollen Ziele ist vor allem die Anpassung der Leistungen an die Nachfrageentwicklung. Der Vorstand der DB hat daher von Anfang an den Schwerpunkt seiner Aufgaben in Markt- und Produktinnovationen gesehen.

Innovationen im Personenverkehr

Im Personenverkehr ist die Tarifpolitik der letzten Jahre geprägt von den Sonderangeboten der rosaroten Aktionen. Der Erfolg hat die DB bestärkt, das Angebot bis zu Jahresende '86 zu verlängern. Die Verbesserung des Preis-/Leistungsverhältnisses hat eine Veränderung der Nachfragestrukturen bewirkt. Es wird wieder mehr mit der Bahn gefahren.

Die höhere Auslastung der Kapazitäten wirkt sich positiv auf das Wirtschaftsergebnis der DB aus. Der rosarote Elefant ist ein Synonym für die DB geworden. Image- und Markterfolg wurden kombiniert. Aus den Marktreaktionen auf die rosaroten Aktionen haben sich nicht zuletzt wichtige Erkenntnisse ergeben, die in eine neue Tarifstruktur im Personenverkehr Eingang finden werden.

Im Personenverkehr ist als entscheidende Angebotsverbesserung der IC '85 zu nennen. Die IC-Stammlinien wurden von vier auf fünf erhöht, die Zahl der Züge von 165 auf 183 pro Werktag. Die durchschnittliche Reisegeschwindigkeit der IC-Züge wurde von 100 auf 108 km pro Stunde erhöht. Den Reisenden werden mehr Direktverbindungen und besserer Service im Zug geboten; der Frankfurter Flughafen ist in den Stundentakt eingebunden.

Eine Reihe von Serviceangeboten bilden die Ergänzung: An wichtigen Intercity-Bahnhöfen steht die Kombination verbesserter Parkmöglichkeit mit einem Mietwagen-Service zur Verfügung. Diese Dienstleistungen unter dem Markenzeichen „Park and Rail" und „Rail and Road" werden als eine Einheit verstanden: Der Reisende begibt sich mit dem eigenen Wagen zum Bahnhof, besteigt seinen Intercity-Zug und findet am Zielort einen Mietwagen bereit.

Neu ist auch unser Gepäck-Service von 58 Bahnhöfen zur Abflughalle des Frankfurter Flughafens: ein erster Schritt zu einer durchgehenden Gepäckverbindung vom Bahnhof bis ins Flugzeug.

In immer mehr Bahnhöfen werden Reisezentren eingerichtet, die den Reisenden ebenfalls verbesserten Service bieten.

Aber auch im Bereich des Schienen-Personennahverkehrs, der insbesondere in der Fläche eine große Herausforderung für die Bahn ist und wesentlich zur Image-Bildung beiträgt, wurde in einem seit Ende 1984 zwischen

Köln und Gummersbach laufenden Test das Angebot mit der City-Bahn deutlich verbessert. Die DB will damit einen Schritt zur Verbesserung des Angebots für die Pendler außerhalb von S-Bahn-Räumen tun. Die City-Bahn verkehrt im Takt und bietet neugestaltete Wagen mit Einzelsitzen sowie den Verkauf von Getränken und frischen Brötchen im Zug. Der erzielte Zuwachs der Fahrgastzahlen zeigt, daß sich auch im Nahverkehr etwas bewegen läßt, wenn Angebot und Nachfrage zueinander passen.

Die Erfahrungen zeigen jedoch auch, daß der reine Flächenverkehr für die Bahn nicht gebündelt werden kann. Nur eine Kombination Zug/Bus ist hier sinnvoll. Zur Gestaltung des Nahverkehrs in der Fläche wurden bereits mit mehreren Bundesländern Vereinbarungen getroffen mit dem Ziel, durch kooperative Zusammenarbeit zu einem vernünftigen Angebot zu kommen.

Innovation im Güterverkehr

Neue Angebote im Güterverkehr setzen auf eine wesentliche Steigerung der Schnelligkeit, Pünktlichkeit und Zuverlässigkeit: Weniger Rangieren und Umladen, aber mehr direktes Fahren sowie mehr Haus-Haus-Verkehr. Wesentliches Merkmal aller neuen Angebote sind daher die garantierten Beförderungszeiten.

Das neue Produkt Intercargo hat die Leistungs- und Wettbewerbsfähigkeit der Bahn nachdrücklich unter Beweis gestellt. Mit nahezu hundertprozentiger Zuverlässigkeit, die die Bahn seit April 85 geldwert garantiert, wurde das System der 88 nächtlichen Intercargo-Güterzug-Direktverbindungen zwischen 11 Wirtschaftszentren schnell für die Wirtschaft hochinteressant. Im Wagenladungsverkehr konnte allein im Jahr 1985 Neuverkehr in einer Größenordnung von über 700 000 Tonnen gewonnen werden. Für kleinere Sendungen als Wagenladungen wurden weitere Angebote entwickelt.

Der Termindienst garantiert Beförderungszeiten von 17.30 Uhr bis 8.00 Uhr für Sendungen bis 80 kg. Mit 85 000 Sendungen in 1985 konnte das Aufkommen gegenüber 1984 verdoppelt werden. Seit Mitte Januar 86 bietet die DB zusammen mit 7 weiteren europäischen Bahnen unter dem Namen EURAIL-Expreß das Angebot auch im grenzüberschreitenden Verkehr an.

Sendungen bis 10 kg werden zu einem Pauschalpreis im Stundentakt am selben Tag im IC-Kurierdienst mit Abhol- und Zustellservice befördert, ein Produkt mit sehr hohen jährlichen Zuwachsraten, das mit einem klaren Produktmanagement betrieben wird.

DanLink ist das neue Bahn-Produkt im Gütertransport zwischen Skandinavien und Westeuropa. Durch Einsatz neuer Hafenanlagen und Fährschiffe auf dem Öresund und der Vogelfluglinie wird ab November '86 die Transportkapazität um 90 % auf 13 500 Tonnen pro Tag in beiden Richtungen erweitert. Hinzu kommt der Service einer nahtlosen Information des Kunden über sein Transportgut. Bei Bedarf kann er seine Ladung kurzfristig umdisponieren.

Gemeinsamer Nenner aller Marketinginnovationen ist

– die Ausrichtung auf Produktprofile mit eindeutigem, unverwechselbarem Image (Markenartikel) und
– einem klaren Leistungsversprechen an den Kunden.

Die beispielhaft genannten Produktinnovationen sind intern fast ausschließlich auf der Basis von Projektgruppen (Task force) realisiert worden.

Organisationsmaßnahmen

Die Neuorientierung der Bahn zum Unternehmen muß sich auch in der Neugestaltung der Organisation und Führungsinstrumente auswirken. Die prinzipielle Ausrichtung der Maßnahmen dazu ist in Leitbildern beschrieben:

- Marktorientierung
- Dezentralisierung
- Führen mit Zielen und Zahlen
- Transparenz der Entscheidungen durch sachbezogene Konflikte

Folgende Maßnahmen standen dabei im Vordergrund:

- Die Einrichtung eines Absatz-Ressorts mit Wirkung nach außen.
- Die Einrichtung eines Controlling-Ressorts mit Wirkung nach innen.
- Die Verkürzung des Instanzenzuges.

Einrichtung des Absatzressorts

Bis zum Vorstandswechsel im Mai 1982 hat die DB kein eigenständiges Absatz-Ressort gehabt. Die Einrichtung eines Absatz-Bereiches, die Stärkung einer Vertriebsfunktion, die Ausrichtung der Angebotspolitik durch Produktmanager und Marktmanager im Marketingbereich, das galt bei der Eisenbahn als unnötig oder übertrieben.

Doch die zentrale Funktion in einem marktorientierten Unternehmen muß der Absatz als die Kontaktstelle zum Markt sein. Von seiner Innovationsfähigkeit, von seiner Funktionstüchtigkeit hängt das Leben des Unternehmens ab. Nicht mehr Technik und Betrieb stehen im Vordergrund. Vielmehr müssen die maßgeblichen Impulse vom Markt ausgehen. Dessen Ansprüche artikuliert vornehmlich der Absatz im Unternehmen.

Wesentliche Komponenten dieser Neuordnung sind *(Bild 3, S. 151)*:
- Konsequente organisatorische Trennung zwischen Marketing und Verkauf.
- Trennung des Verkaufs in die Bereiche Personen- und Güterverkehr.
- Klare Verantwortlichkeiten für einzelne Märkte (z.B. Markt für Geschäftsreisende) und einzelne Produkte (z.B. den IC).
- Professioneller, abgestimmter Einsatz der Marketinginstrumente (wie z.B. Werbung, Verkaufsförderung, Marktforschung).
- Die DB-Busorganisation wurde als eigener Geschäftsbereich (Profit-Center) dem Absatz-Ressort zugeordnet.

Durch die Trennung zwischen Marketing und Verkauf soll innerhalb des Absatz-Ressorts ein konstruktives Spannungsverhältnis aufgebaut werden. Marketing soll sich darum bemühen, erfolgreiche Konzeptionen zur Erschließung interessanter Märkte oder zur Vermarktung vorhandener oder neuer Produkte zu erarbeiten und durchzusetzen. Die vornehmste Aufgabe des Verkaufs besteht darin, bestimmte Produkte (möglichst nach Prioritäten gestuft) innerhalb der von Marketing vordefinierten Rahmenbedingungen möglichst erfolgreich und zu möglichst günstigen Verkaufskosten zu vertreiben.

Die bisherige Verquickung von Marketing und Verkaufsfunktionen birgt die Gefahr in sich, im Zweifel unter dem täglichen Druck der Ereignisse das Primat dem operativen Geschäft zu geben und dringend erforderliche strategische Überlegungen auf „ruhigere Zeiten" zu verschieben – die erfahrungsgemäß nur selten eintreten.

Die klare Trennung in Markt- und Produktverantwortliche *(Bild 4, S.152)* ist eine weitere wichtige Neuerung. Die sehr spezifischen Aufgaben der Bahn verlangen nach entsprechend spezifischen organisatorischen Lösungen. Während es in den meisten Konsumgütermärkten möglich und üblich ist, Produkte und Märkte einander vollständig zuzuordnen, stößt dies bei der Bahn auf Schwierigkeiten. In einem bestimmten „Produkt" (z.B. einem IC) sind in der Regel eben alle Marktsegmente vertreten. Umgekehrt nutzt ein bestimmtes „Marktsegment" (z.B. der Geschäftsreisende) alle Produkte (z.B. auch Nahverkehr und Bahnhöfe) im Rahmen seiner Reise.

Die Komplexität der einzelnen Marktsegmente und der einzelnen Produkte einerseits und die wechselseitigen Verknüpfungen zwischen diesen beiden haben es daher zweckmäßig erscheinen lassen, Markt- und Produktverantwortung voneinander zu trennen. Zugleich ist zu erwarten, daß sich aus dieser Aufgabenteilung permanent Anstöße des Marktmanagements zu Produkt- und Serviceverbesserung und umgekehrt ergeben.

Die Markt- und Produktmanager werden durch Instrumentalfunktionen wie Preisgestaltung, Marktforschung, Werbung, Verkaufsförderung, Erscheinungsbild, Qualität unterstützt. Auch hiermit wurde im Vergleich zum Status quo ante Neuland beschritten: Der Einsatz der Instrumente und letztlich die hierfür bereitgestellten Mittel (Budgets) werden durch die Aufträge (Briefings) des Produktmanagers und Marktmanagers gesteuert.

Einrichtung des Controlling-Ressorts

Die konsequente Umsetzung des Controlling-Gedankens mit dem Führungsprinzip „Check and Balance" und den Mitteln „Entscheidung" und „Entscheidungsfreigabe" war ein entscheidender Schritt und für viele Eisenbahner unangenehm.

Die Bildung dieses Ressorts wurde unmittelbar nach Vorstandswechsel 1982 vollzogen. Dieses Ressort gliedert sich in die Bereiche *(Bild 5, S. 153)*:

- Organisation und EDV,
- Planung und Steuerung
- Rechnungswesen und betriebswirtschaftliche Analysen,
- Interne Revision.

Von hier gingen und gehen die maßgeblichen Impulse aus, die über eine straffe Steuerung des Aufwands kurzfristig

- zur Verbesserung des Wirtschaftsergebnisses und
- zum Abbremsen der Verschuldung geführt haben.

Ebenfalls werden in diesem Ressort die unter dem Begriff Szenario DB '90 bekanntgewordenen längerfristigen Strategien koordiniert.

Von hier wird insgesamt auch die Entwicklung der Organisationsstrukturen und Führungsinstrumente der DB entsprechend der von der Unternehmensleitung festgelegten Richtlinien gesteuert. Dabei geht es primär um die Einheit von Aufgabe, Kompetenz und Verantwortung oder konkreter um die Zuordnung von Zielen und Zahlen. Erfahrungsgemäß werden nur die Ziele erreicht, die Organisationseinheiten und Führungskräften verantwortlich zugeordnet sind.

Natürlich müssen die Ergebnisse nachprüfbar sein und an den Zielen gemessen werden. Mit der Einführung des Budgetierungssystems wird für jede Organisationseinheit auch die Kostenseite transparent gemacht. Die Kosten-Nutzen-Relation wird vom neugebildeten Controlling-Ressort beurteilt und ermöglicht frühzeitige Steuereingriffe von der Unternehmensspitze.

Verkürzung des Instanzenzuges

Marktorientierung und Controlling allein bewirken jedoch noch kein unternehmerisches Handeln. Das Unternehmen muß auch flexibel sein, um auf wechselnde Anforderungen des Marktes schnell effektiv reagieren zu können. Das hierarchische Verwaltungssystem war um überflüssige Instanzen zu leichtern, um den Entscheidungsgang durchlässiger und übersichtlicher zu machen und Kosten einzusparen.

Konkret bedeutet dies die Verkürzung des Instanzenzuges von bisher fünf auf künftig drei Instanzen: zentral – regional – lokal *(Bild 6, S. 154)*. Die gesamten Aufgaben der Unternehmensführung sind in einer funktionalen Einheit, der Zentrale, zusammengefaßt worden. Die Auflösung der den Direktionen nachgeordneten Ämterebene wird im Jahre 1986 abgeschlossen. Hiermit ist ein Organisationsproblem gelöst worden, das seit fast 100 Jahren diskutiert wird.

Auch die horizontale Aufgabenteilung wurde neu geordnet und durchgängig auf die neue Ressortstruktur ausgerichtet. Dabei wurde auch in den Bundesbahndirektionen ein Controlling-Bereich geschaffen, um deren regionale Eigenverantwortung zu stärken.

Einbeziehen der Mitarbeiter

Von Anfang an ist das Gespräch mit den Mitarbeitern gesucht worden. Auf „Führungskräfte-Tagungen" reihum bei allen Zentralstellen und Bundesbahndirektionen hat der Vorstand seine Strategie erläutert, um anschließend in einem Work-Shop Lösungsmöglichkeiten zur Verbesserung der Unternehmenssituation gemeinsam mit den Führungskräften zu erarbeiten.

In den wöchentlichen Abendgesprächen mit den jeweiligen Seminarteilnehmern im Schulungszentrum der DB in Bad Homburg, das abwechselnd von allen Vorstandsmitgliedern wahrgenommen wird, und in monatlichen Frühstücksrunden, zu denen der Vorsitzer des Vorstandes Mitarbeiter der Zentrale einlädt, werden weitere Mitarbeiter auch unterhalb der Führungsebenen erreicht. Wettbewerbe zur Ideenfindung oder Programme wie „Mitarbeiter haben das Wort" geben jedem Mitarbeiter der Bahn Gelegenheit, seine Meinung und Anregung kundzutun. Alle diese Aktionen sind ein wichtiger Beitrag zur Motivation der Mitarbeiter und zum aktuellen Feed-back für die Führung der Bahn.

Wichtig für die Überwindung von Innovationswiderständen ist die Akzeptanz der Veränderungen bei den Mitarbeitern. Die Motivation muß von oben nach unten erreicht werden, d.h. zuerst müssen die Führungskräfte, die Gewerkschaften und Personalräte für die gemeinsame Sache gewonnen werden. Diese müssen zuerst überzeugt werden, daß die Sache des Unternehmens ihre eigene Sache ist. Die gemeinsame Zielsetzung und -verfolgung als ein überzeugender Weg, die klare Organisationsgliederung und -abgrenzung als ein übersichtliches Operationsfeld sind die unerläßlichen Voraussetzungen dazu.

Trotzdem gilt, daß Neues grundsätzlich zumindest einmal auf Vorbehalte stößt. Häufig wird gar nicht das Neue abgelehnt, sondern die Tatsache, neue Aufgaben zu übernehmen, Neues zu lernen, Gewohntes aufzugeben. Wer dies vor sich hat, neigt zur Ablehnung, wer es hinter sich hat, wird zum Befürworter.

Hemmnisse bei der Umsetzung

Hinzu kommt, daß viele Entscheidungen bei der Bahn im politischen Raum abgestimmt werden müssen bzw. der Genehmigung der politischen Instanzen bedürfen. Darüber hinaus ist die DB sowohl dem Bundesrechnungshof als auch dem Hauptprüfungsamt Rechenschaft schuldig, die beide die Wirtschafts- und Rechnungsführung der DB überwachen.

Wesentliche Organisationsmaßnahmen wie die Umbildung von Zentralstellen oder die Auflösung der Ämterinstanz als wesentliche organisatorische Änderung müssen gemäß Bundesbahngesetz erst von dem Verwaltungsrat der DB, der aus von Bundesregierung, Bundesrat, Gewerkschaften und freier Wirtschaft vorgeschlagenen Vertretern gebildet wird, beschlossen und dann vom Bundesminister für Verkehr genehmigt werden. Außerdem sind die betroffenen Bundesländer zu hören. Ähnlich verhält es sich bei Personalentscheidungen und Tariffestsetzungen. Die Genehmigung des Wirtschaftsplanes ist zusätzlich dem Bundesminister für Finanzen, Abschlüsse von Lohntarifverträgen sind mit den Bundesministern für Finanzen und des Innern abzustimmen. Politische Gremien, Gewerkschaften und andere Interessenverbände können also nicht nur auf die Unternehmensführung der DB Einfluß nehmen, sie werden sogar per Gesetz dazu aufgefordert. Das macht insbesondere organisatorische Entwicklungen nicht leichter, es macht sie aber auch nicht unmöglich. Der Weg war daher von vornherein vorgezeichnet als ein Weg der Diskussionen nicht nur im Unternehmen und mit den Personalvertretungen und Gewerkschaften, sondern auch mit dem Eigentümer und – soweit betroffen – mit den Bundesländern, über die wiederum Kreise und Gemeinden einbezogen werden, so daß auch viele lokale Gesichtspunkte in die Diskussion einfließen.

Hemmnisse für Organisationsmaßnahmen bilden auch die für die DB gültigen gesetzlichen Vorgaben zur Besoldung und Laufbahn (Karriere) sowie andere Bestimmungen für Bundesbeamte. Zum Beispiel war es noch nicht möglich, die Zentralstellen (mittlere Bundesbehörden) und die Hauptverwaltung der DB (oberste Bundesbehörde) zur Zentrale als einer Dienststelle zusammenzufassen, da für die unterschiedlichen Ebenen unterschiedliche Bewertungs- und Besoldungselemente vorgegeben sind. Vielmehr mußten die unterschiedlichen Dienststellen neu abgegrenzt und vertikal so verzahnt werden, daß die Zentrale wenigstens als funktionale Einheit arbeiten konnte. Die damit verbundene Auflösung alter und Einrichtung neuer zentraler Dienststellen war aufgrund auch beamtenrechtlicher Bestimmungen nicht einfach zu vollziehen.

Probleme ergeben sich aus der Beamtenbesoldung auch im Verkauf, da Anreize zum Verkaufserfolg durch Provisionen im Rahmen der gesetzlichen Vorgaben zur Beamtenbesoldung nicht im notwendigen Umfang gegeben werden können.

Erste Erfolge

Es hat sich inzwischen bestätigt, daß es richtig war, anzufangen und in Bewegung zu setzen, was machbar war. Die Bahn ist inzwischen ein gutes Stück vorangekommen.

Die Entwicklung der Ist-Werte von 1982 bis 1985 liegt im wesentlichen auf der Ziellinie der Strategie DB '90.

Die reale Arbeitsproduktivität ist um rund 9,7 Prozentpunkte gestiegen *(Bild 7, S. 155)*. Der Abbau des Personalbestands über den natürlichen Abgang durch Zurruhesetzung und Fluktuation seit 1982 um rund 43 000 Personen ist planmäßig verlaufen. Lediglich die überproportionale Entwicklung des Versorgungs- und Sozialaufwands führte zu einer knappen Zielverfehlung von einem Prozentpunkt *(Bild 8, S. 156)*.

Dagegen wurde die Ziellinie beim realen Gesamtaufwand nach dem vorläufigen Ergebnis 1985 um 1,7 % unterschritten *(Bild 9, S. 157)*.

Die Erfolge schlagen sich auch in den absoluten Zahlenwerten nieder. Seit 1982

– konnte der Jahresfehlbetrag von 4,1 Mrd. DM auf 2,9 Mrd. DM in '85 reduziert werden, d.h. das Wirtschaftsergebnis ist um rd. 1,2 Mrd. DM verbessert worden,
– betrug die Nettokreditaufnahme nur 700 Mio. DM (7,5 Mrd. DM waren nach Wirtschaftsplan genehmigt),
– nahmen die Investitionen von 4,1 Mrd. DM auf rd. 5,1 Mrd. DM zu ('85 allein 2,2 Mrd. DM für den Streckenausbau).

Gestalten neuer Rahmenbedingungen

Trotz aller positiven Entwicklungen ist klar geworden, daß die Bahn unter den gegebenen politischen Rahmenbedingungen nicht zu sanieren ist.

Die politischen Vorgaben und Auflagen z.B. des öffentlichen Personennahverkehrs zielen auf bedarfsgerechte Verkehrsbedienung, nicht auf Gewinnmaximierung. Es handelt sich damit um sogenannte gemeinwirtschaftliche Verkehrsleistungen, die ein privates Verkehrsunternehmen, das ohne solche Vorgaben und Auflagen arbeitet, überhaupt nicht, nicht in dem heutigen Umfang oder nicht zu den heutigen Preisen anbieten würde.

Ähnlich verhält es sich mit der Vorhaltung des Fahrwegs. Hier spielen die staatspolitischen Ziele der Vorhaltung von Infrastrukturen mit ihren strukturpolitischen, strategischen, sozialpolitischen und anderen Aspekten eine wesentliche Rolle. Für alle anderen Verkehrsträger übernimmt der Staat die Aufgaben, Risiken und Kosten, die die DB nach dem Gesetz für ihren Schienenweg selbst übernehmen muß. Die Konkurrenten tragen kein Vorhaltungs- und Auslastungsrisiko, und sie müssen keine Verkehrswege lange vor ihrer Nutzung vorfinanzieren. Diese staatlichen Aufgaben sowie die gemeinwirtschaftlichen Aufgaben aus dem öffentlichen Personennahverkehr belasten das Wirtschaftsergebnis der DB mit über 4 Mrd. DM.

Darüber hinaus kommen zunehmend Belastungen auf die DB zu, die durch unternehmerische Maßnahmen kaum zu beeinflussen sind. Einmal wird die Verschuldung im Jahre 1990 infolge der notwendigen Investitionen in Höhe von 40 Mrd. DM um 10 Mrd. DM höher sein als heute, also zusammen mit den übernommenen Altschulden rund 50 Mrd. DM erreichen. Außerdem steigen die strukturell überhöhten Versorgungslasten, die der DB dadurch entstehen, daß sie für die Versorgung ihrer ehemaligen Beamten in vollem Umfang selbst aufkommen muß. 1960 kamen auf einen Pensionär zwei Eisenbahner, 1990 werden es nur 3/4 Eisenbahner sein, eine Wettbewerbsverzerrung, die aus dem öffentlichen Dienstrecht, nicht aus Unternehmensentscheidungen resultiert und dringend beseitigt werden muß.

Die Bundesregierung gewährt der DB aufgrund EG- und nationalen Rechts zwar aus dem Bundeshaushalt verschiedene finanzielle Leistungen, die diese Nachteile ausgleichen sollen; sie hat diese Leistungen aber auf jährlich rd. 13,7 Mrd. plafondiert.

Da der eine Teil dieser Leistungen erfolgswirksam als Ertrag in die Gewinn- und Verlustrechnung der DB eingeht, der andere Teil dagegen erfolgsneutral dem in der Bilanz ausgewiesenen Eigenkapital zugute kommt, wirkt sich eine Änderung der Aufteilung des Plafonds durch die Bundesregierung unmittelbar auf das Wirtschaftsergebnis der DB aus.

Um die Transparenz der Aufgaben und der Finanzverantwortung herzustellen, wurde die sogenannte „Trennungsrechnung" entwickelt und in die Diskussion eingebracht, nach der die Aufgaben der Bahn in drei Bereiche aufgeteilt werden:

– den eigenwirtschaftlichen Bereich (Wettbewerbsbereich),
– den gemeinwirtschaftlichen Bereich (öffentlicher Personennahverkehr),
– den staatlichen Bereich (Vorhaltung des Fahrwegs).

Die Trennungsrechnung soll Zahlenmaterial liefern, das es ermöglicht, die Aufgabenstellungen und -abgrenzungen zwischen Staat und Bahn klarer als bisher darzustellen. Sie soll deutlich machen, in welchen Bereichen sich der Staat mit welchen Beträgen engagiert, und den Steuerzahlern zeigen, wofür Steuergelder ausgegeben werden und was politische Wünsche kosten. Schließlich soll sie einen Beitrag zur Bestimmung der Rolle der DB im Gesamtverkehrskonzept leisten.

Zur Einführung der Trennungsrechnung ist noch viel Überzeugungsarbeit vor allem im politischen Raum zu leisten.

Ein seriöser Nachweis der Kostensituation der Bahn ist aber nur dann zu erbringen, wenn die von der Bahn verlangte Trennungsrechnung umgesetzt ist.

Fortsetzung der Reform

Der enorme Innovationsschub und die Verbesserung der wirtschaftlichen Lage der DB seit 1982 zeigt, daß die Novelle zum Bundesbahngesetz im Jahre 1981 ein Schritt in die richtige Richtung war. Um die Innovationsprozesse in Gang zu halten, wurden die Voraussetzungen von innen heraus organisatorisch geschaffen. Aber auch von außen müssen weitere Impulse kommen. Die Reform muß fortgesetzt werden. Neben der Verringerung der Einflüsse Dritter auf den unternehmerischen Handlungsspielraum stehen drei Schwerpunkte dabei im Vordergrund:

– Neuordnung des Verhältnisses zum Eigentümer durch die Trennung der Verantwortlichkeiten gemäß der Trennungsrechnung, wobei die Gesamtverantwortung bei der DB bleibt,

- Harmonisierung der Wettbewerbsbedingungen zur marktwirtschaftlichen Chancengleichheit zwischen den Verkehrsträgern,
- Ausbau des Managementsystems bei der Bahn durch Einbeziehung eines größeren Kreises von Führungskräften in das öffentlich-rechtliche Amtsverhältnis.

Zur Lösung der Zukunftsaufgaben werden neue Ideen und Initiativen entwickelt. Akzente werden gesetzt, die deutlich machen werden, welch überragende Rolle eine moderne Bahn für Gesellschaft und Wirtschaft spielt.

Vorstellung und Vision von einem Verkehrssystem der Zukunft zielen auf eine vernünftige Aufgabenteilung zwischen Bahn, Kraftfahrzeug und anderen Verkehrsträgern. Dabei ist nüchtern zu sehen, daß das Automobil seine Entwicklung durchaus noch nicht hinter sich hat. Wichtig ist, die Koexistenz der Verkehrsträger zu respektieren und die Zusammenarbeit zwischen den Verkehrsträgern zum Vorteil des Kunden und der Volkswirtschaft zu fördern. Kooperationen steht die DB in allen Bereichen positiv gegenüber, und sie wird neue Kooperationsmodelle entwickeln.

Die Bahn sieht sich auch als Konzern mit vielen Töchtern. Innerhalb dieses Konzerns wird ständig die Frage nach dem optimalen Strukturmix zwischen öffentlich-rechtlich und handelsrechtlich organisierten Teilen neu beantwortet werden müssen, werden Kooperationen mit anderen eine organisatorisch langfristig beständige Grundlage finden können. Beschränkungen erlegt hier allerdings die Bundeshaushaltsordnung auf, indem sie der DB verbietet, Konzernpolitik losgelöst von ihrem Unternehmenszweck zu betreiben.

Die neue Bahn

„Die Bahn ist unverzichtbar", lautet einer der Kernsätze der Regierungserklärung von Bundeskanzler Helmut Kohl. In den vergangenen drei Jahren wurde eine Menge unternommen, um der Bahn zu einer besseren Zukunft zu verhelfen.

Bezogen auf 1985, unser Jubiläumsjahr, kann man symbolisch auch vom Beginn einer neuen Bahn sprechen:

- Der Fehlbetrag sank unter die 3-Mrd.-DM-Grenze,
- 400 km Neubaustrecken sind im Bau *(Bild 10, S. 158)*,
- die ersten 10 km neuer Fernbahnstrecke gingen in Betrieb,
- der Zug der Zukunft, der ICE, fuhr Weltrekord in der Drehstromtechnik mit 317 km/h.

Eine der wichtigsten Entscheidungen des vergangenen Jahres für die Bahn hat das Bundeskabinett mit dem Bundesverkehrswegeplan '85 getroffen. Für die Bahn sind darin für den Zeitraum 1986 bis 1995 Investitionsmittel von 35 Mrd. DM, davon 21 Mrd. DM für den Streckenausbau, vorgesehen. Das sind 25 % mehr als im Vergleichszeitraum der letzten 10 Jahre, und dies unterstreicht die Bedeutung, die die Bundesregierung der Modernisierung des DB-Streckennetzes beimißt.

Alle angemeldeten ergänzenden Neu- und Ausbaustrecken sind im „vordringlichen Bedarf" enthalten. Das wird zu einem Schnellfahrnetz der DB für Geschwindigkeiten von 200 – 250 km/h gegen Ende dieses Jahrtausends in einer Größenordnung von 2 000 km führen.

Die Bahn im europäischen Rahmen

Die Zukunft der DB kann nicht auf den nationalen Rahmen beschränkt bleiben. Vielmehr ist zunehmend das internationale Zusammenwirken der Verkehrs- und Eisenbahnpolitik im gesamteuropäischen Rahmen zu berücksichtigen. Durch die unterschiedlichen Wirtschaftssysteme in Osteuropa, wo das Schwergewicht der Bahnaufgaben in der Daseinsvorsorge, aber auch in der volkswirtschaftlich sinnvollen Transportlösung liegt, und Westeuropa, wo die Bahn sich einem harten Konkurrenzkampf auf dem Verkehrsmarkt stellen muß, konzentrieren sich gemeinsame Aktivitäten hauptsächlich auf die Lösung technischer Probleme und Normungsfragen. Marktpolitische und unternehmerische Maßnahmen sind überwiegend im westeuropäischen Raum gefragt. Hier wirkt sich zunehmend die Europapolitik auf die Eisenbahnen aus.

- Der Europäische Gerichtshof fordert Dienstleistungsfreiheit und Niederlassungsfreiheit im Verkehr.
- Das Weißbuch der EG-Kommission nennt Einzelmaßnahmen zur Herstellung eines liberalisierten Binnenmarktes.
- Der Europäische Rat beschließt die Schaffung eines freien Güterverkehrsmarktes bis 1992.
- Der Ministerrat (Verkehr) beschließt die Schaffung eines freien Verkehrsmarktes bis 1992, die Anpassung und Erhöhung der Kontingente in der Zwischenzeit sowie die Beseitigung der Wettbewerbsverzerrungen.

Wie der europäische Verkehrsmarkt von morgen aussehen wird, weiß heute noch niemand. Eines steht aber heute schon fest: Nichts wird mehr so sein wie früher!

Risiken

Der schrittweise Wegfall von Marktzugangsregelungen und administrierter Preisbindung wird die Wettbewerbssituation für alle am Verkehrswesen Beteiligten gravierend ändern und voraussichtlich zur schrittweisen Auflösung der zunächst noch einige Jahre bestehenden Marktzugangsregelungen führen. Eine freie Preisbildung würde das gegenwärtige Preisniveau im Binnenverkehr nach unten drücken. Hieraus ergeben sich für die Deutsche Bundesbahn auf der Grundlage des heutigen Produktionsleistungsangebotes ernstzunehmende Ertragsrisiken im Güterverkehr.

Ähnlich wie im Güterverkehr zeichnen sich auch im Personenverkehr Liberalisierungsbestrebungen ab, deren Auswirkungen z.Z. noch untersucht werden. Mit Sicherheit können wir heute schon davon ausgehen, daß im Zuge der 6. Novelle zum Personenbeförderungsgesetz das sogenannte „bevorrechtigte Ausgestaltungsrecht" der Eisenbahn im Schienenparallel- und -ersatzverkehr wegfallen wird. Die Herstellung der Dienstleistungsfreiheit und die Zulassung der Kabotage wird auch EG-Busunternehmen den deutschen Markt öffnen.

Chancen

Die Eisenbahnen werden sich europaweit durch besser aufeinander abgestimmte Fahrpläne und Tarife, hohen Bedienungsstandard, Verflechtung von Straßen- und Schienenbeförderung hierauf einstellen müssen.

Ein leistungsfähiger europäischer Verkehr erfordert den internationalen Verkehrsströmen angepaßte Linien hohen und einheitlichen Leistungsstandards, die bisher im europäischen Streckennetz weitgehend fehlen. Stattdessen wurden bisher nationale Netze, denen die Eisenbahngesellschaften bisher den Vorrang gaben, nebeneinandergestellt. Die nationale Verbesserung der Schieneninfrastruktur wirkte sich international nur ungenügend aus.

Auch die ausgeschöpften Kapazitäten einiger internationaler Strecken machen neue internationale Trassen notwendig. Bei der Einführung und dem Ausbau des Hochgeschwindigkeitsverkehrs, bei dem Bau des Ärmelkanal-Tunnels, bei der Projektierung neuer Alpentransversalen müssen die Linien auf die europäischen Gegebenheiten ausgerichtet werden, um einem modernen Leistungsbild der europäischen Eisenbahnen zu entsprechen.

Im Auftrag der Eisenbahnen der Europäischen Gemeinschaft erarbeitet derzeit eine kleine Gruppe der Nationalgesellschaft der Französischen Eisenbahnen (SNCF) und der DB mit Einbindung des Internationalen Eisenbahnverbands (UIC) eine Netzvision der Eisenbahnen. Aus der Darstellung in *Bild 11 (S. 159)* wird erkennbar, daß die nationalen Planungen nur durch verhältnismäßig geringe internationale Netzteile sinnvoll ergänzt und verknüpft werden müssen, um bereits ein erstes geschlossenes Hochgeschwindigkeitssystem mit ansprechenden Fahrzeiten in Europa zu erhalten.

Volkswirtschaftlich und politisch gesehen bieten Schnellbahnen eine Erhöhung der Mobilität des einzelnen zu erschwinglichen Preisen und fördern damit die gesellschaftliche, wirtschaftliche und damit auch politische Integration von Europa in einer größeren Breitenwirkung als das Flugzeug. Darüber hinaus verbessert der Hochgeschwindigkeitsverkehr die Geschäftsgrundlage der meist staatlich bezuschußten Eisenbahnen durch neue Verkehre und führt zu gesamtwirtschaftlich vorteilhaften Modal-Split-Verlagerungen sowie zu energie- und umweltfreundlichen Transportmitteln.

Europäische Rahmenbedingungen

Die europäische Lösung der Verkehrsmarktprobleme bedingt zudem für alle Verkehrsträger Chancengleichheit im Wettbewerb. Diese Chancengleichheit ist für die DB, aber auch für die anderen Bahnen der Gemeinschaft, selbst unter Status-quo-Bedingungen, nicht gegeben. Insofern sind die Bahnprobleme in einem gemeinschaftlichen Verkehrsmarkt auch nicht mehr national zu lösen.

Um auch für die Bahnen gegenüber ihren Wettbewerbern vergleichbare Startbedingungen zu schaffen, müßten zumindest ihre gravierendsten Strukturprobleme europäisch gelöst werden. Das heißt für die Bahnen nicht Ausgleich systembedingter Kosten- oder Leistungsdifferenzen. Es bedeutet jedoch gleiche staatliche Rahmenbedingungen für alle Verkehrsträger in einem gemeinsamen Binnenmarkt. Eine Klärung der Stellung der Eisenbahnen im Verkehrsmarkt ist unerläßlich.

Die EG-Kommission hat mit ihren Sanierungsvorschlägen von 1984 praktikable Lösungen für eine europäische Verkehrsmarktordnung erarbeitet, die sich mit den Anstrengungen der DB hinsichtlich einer Neupositionierung als öffentliches Unternehmen mittels der Trennungsrechnung decken. Daß dies der richtige Weg ist, zeigen vergleichbare Ansätze europäischer Bahnen:

– Schwedische Staatsbahnen
– Österreichische Bundesbahnen und
– Schweizerische Bundesbahnen.

Der Grundgedanke bei diesen Bahnen ist die rechnerische Trennung zwischen kommerziellen und gemeinwirtschaftlichen Aufgaben. Für die Infrastruktur werden unterschiedliche Modalitäten hinsichtlich der finanziellen Verantwortung des Staates und der darauf abgestellten Wegeabgaben der Bahnen getroffen. Die politische Umsetzung dieser Bestrebungen schafft eine vergleichbare Geschäftsgrundlage für alle Bahnen. Sie verstärkt die gesamteuropäische Perspektive auf dem Gebiet des Eisenbahnverkehrs.

Europäisches Bahnverständnis

Die Bahnen der Europäischen Gemeinschaft haben sich zur europäischen Verkehrspolitik in einer Resolution geäußert, die auch das neue Bahnverständnis der DB widerspiegelt:

– Die Eisenbahnen sind Dienstleistungsunternehmen im Eigentum des Staates.
– Die Kunden/die Nutzer sind Mittelpunkt ihrer Aktivitäten.
– Die Bahnen wollen sich im Wettbewerb auf den Verkehrsmärkten bewähren.
– Wirtschaftlichkeit in allen Bereichen ist Handlungsmaxime.

- Das Management erfordert klare Verantwortung, klare Ziele und Kriterien der Erfolgsmessung.
- Die Bahnen wollen über den punktuellen Transport hinaus ergänzende Leistungen im Sinne gesamthafter Problemlösungen anbieten.
- Kooperation und Arbeitsteilung mit anderen Unternehmen gehört zum Selbstverständnis der Bahnen.
- Vorhandene Rationalisierungspotentiale sollen ausgeschöpft werden.
- Fernziel ist die Herstellung des finanziellen Gleichgewichts unter Einbeziehung staatlicher Zuwendungen für die den Bahnen auferlegten Leistungen.

Zu einer solchen Leistung werden die Bahnen aber nur befähigt, wenn ihnen in einer Wettbewerbsordnung mit gleichen Startbedingungen der notwendige Rahmen gegeben ist. Zur Annäherung der unterschiedlichen verkehrswirtschaftlichen Bedingungen im europäischen Raum sollten sich alle am Verkehrsmarkt Beteiligten an einem zukunftsweisenden europäischen Gesamtverkehrskonzept orientieren können. Dieses Konzept müßte Leitlinie und Maßstab für die Handlungen der Verkehrspolitik und der Verkehrswirtschaft gleichermaßen werden. Die Ausweitung der Dienstleistungsfreiheit im Verkehr muß daher begleitet sein von der Beseitigung der einem sozialgebundenen, marktwirtschaftlichen Wettbewerb nicht entsprechenden Regelungen.

Die Bahn ist managebar

Es hat sich gezeigt, daß die Bahn managebar ist, wenn die Voraussetzungen dazu vorhanden sind. Die jüngste Vergangenheit der Bahn führt vor, welche Grundsätze zur erfolgreichen Führung öffentlicher Unternehmen maßgebend sind.

Einmal müssen die Rahmenbedingungen stimmen:

– Handlungsspielraum für unternehmerische Initiative,
– klare Abgrenzung der Aufgaben und Verantwortlichkeiten.

Das gilt für die interne Aufgabenverteilung ebenso wie für die nationale und internationale Bahnpolitik.

Vor allem aber müssen die unternehmerischen Aktivitäten auf den Markt ausgerichtet sein. Nur das hat Bestand, was sich vom Markt und vom Ergebnis her legitimiert. Hier zählt nicht mehr die reine Dienstleistung, sondern das gesamte Angebotspaket unter der Berücksichtigung, daß Service zunehmend nachgefragt wird und von daher für die Produktgestaltung entscheidend ist. Nicht weniger wichtig ist ein straffes Kostenmanagement. Die Frage ist hier vor allem, wie Markterfordernisse und Kapazitäten in Einklang gebracht werden können.

Gezeigt hat sich auch die herausragende Bedeutung internationaler Aktivitäten sowohl in der Angebotsgestaltung als auch in der Abstimmung der Unternehmenspolitik der verschiedenen Unternehmen. Der Schwergang internationaler Maßnahmen wird durch das Gewicht der Gemeinsamkeit mehr als wettgemacht.

Nicht zuletzt ist es aber der Mut zum Neuen, der Unternehmen im Wettbewerb lebensfähig hält.

Kompetenzverteilung im Vorstand

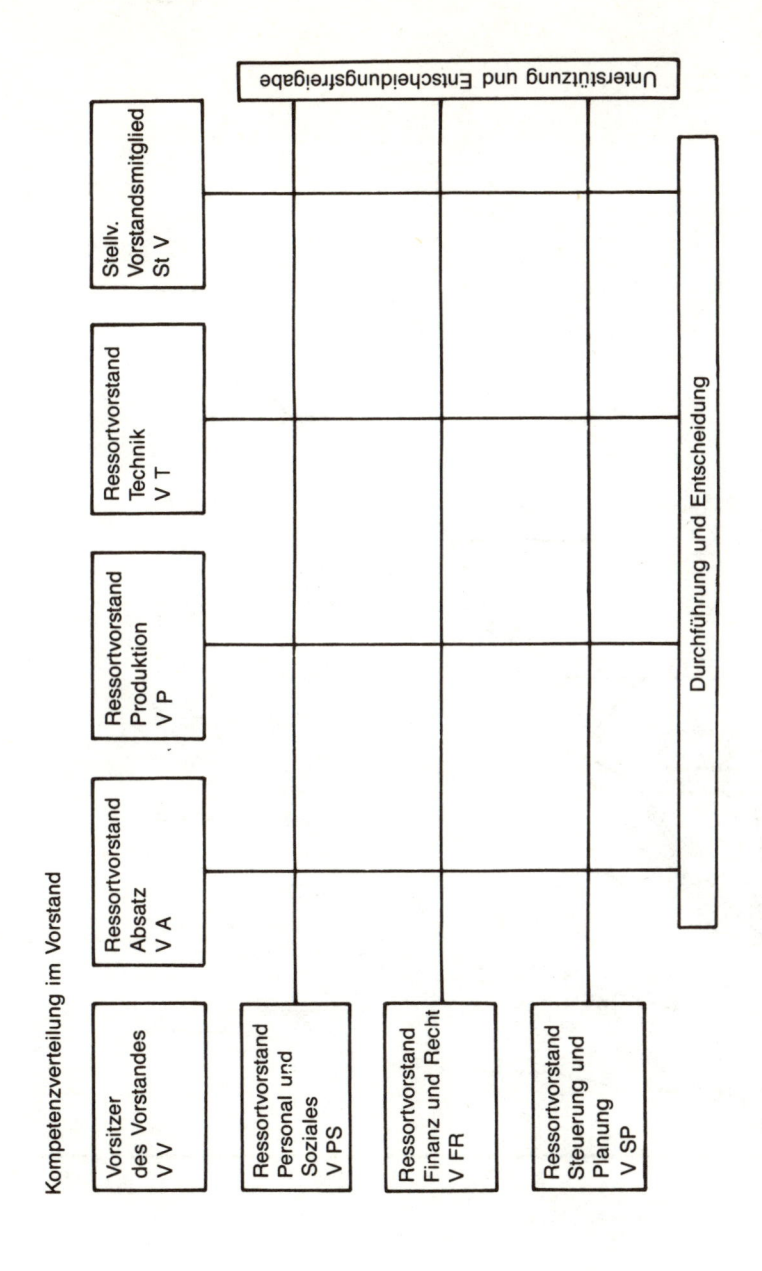

	Vorsitzer des Vorstandes V V	Ressortvorstand Absatz V A	Ressortvorstand Produktion V P	Ressortvorstand Technik V T	Stellv. Vorstandsmitglied St V
Ressortvorstand Personal und Soziales V PS					
Ressortvorstand Finanz und Recht V FR					
Ressortvorstand Steuerung und Planung V SP					
Durchführung und Entscheidung					

Unterstützung und Entscheidungsfreigabe

Bild 1: Kompetenzverteilung im Vorstand

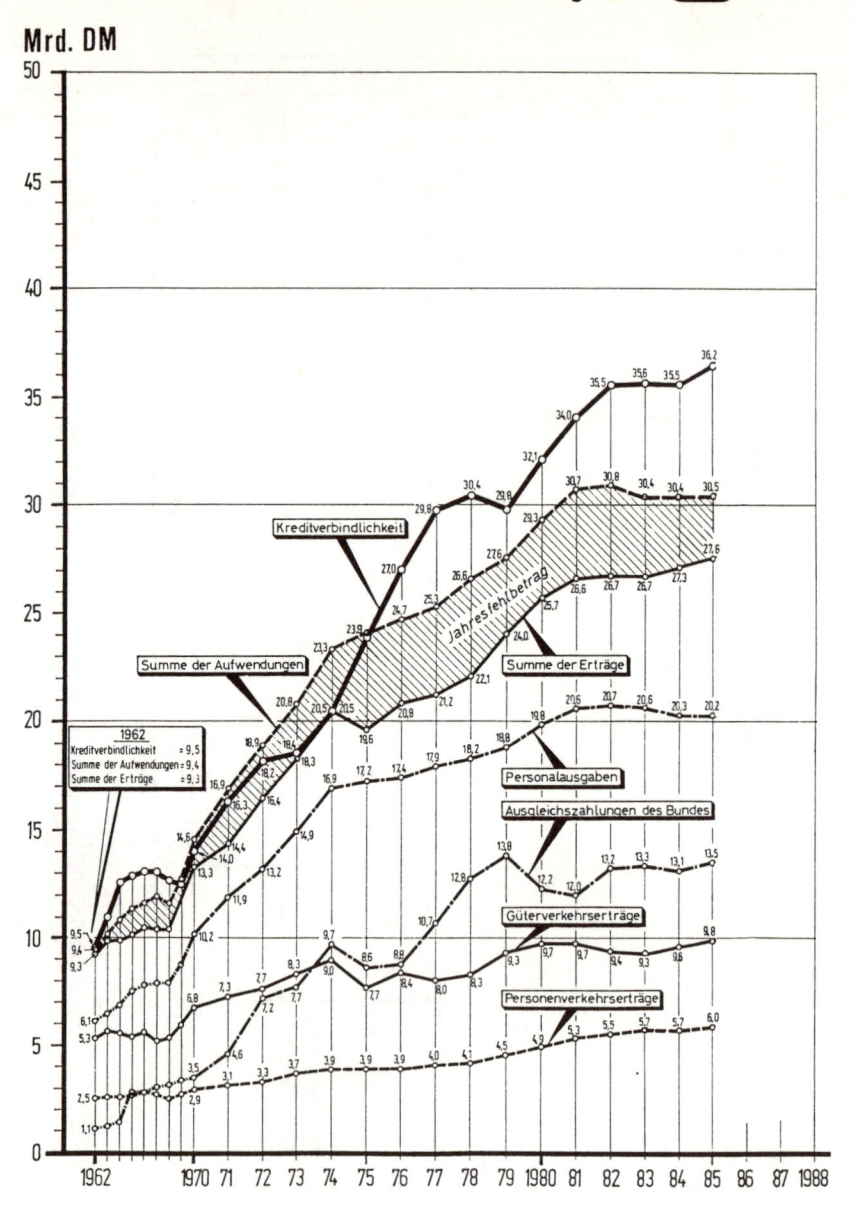

Bild 2: Wirtschaftliche Entwicklung der DB

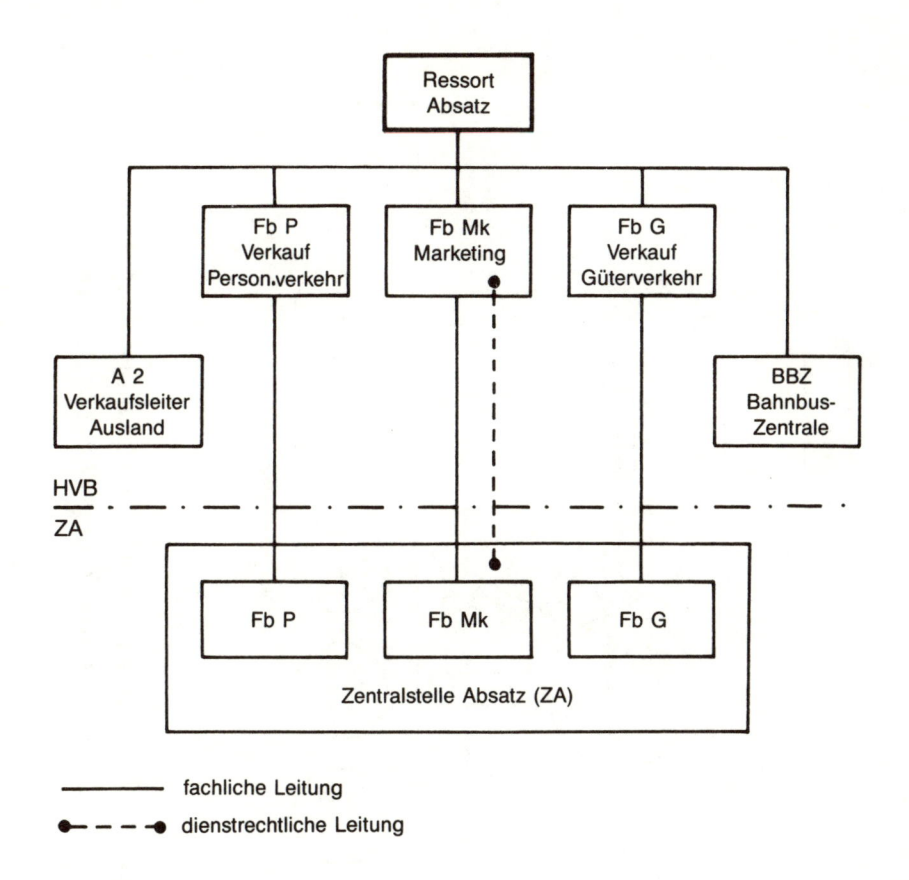

```
                    ┌─────────────┐
                    │   Ressort   │
                    │   Absatz    │
                    └──────┬──────┘
      ┌────────────┬───────┼───────┬────────────┐
      │            │       │       │            │
      │      ┌─────┴───┐ ┌─┴───┐ ┌─┴──────┐     │
      │      │  Fb P   │ │Fb Mk│ │  Fb G  │     │
      │      │ Verkauf │ │Mark.│ │ Verkauf│     │
      │      │Pers.vk. │ │     │ │Güterv. │     │
      │      └─────────┘ └──┬──┘ └────────┘     │
   ┌──┴───┐                 │              ┌────┴───┐
   │ A 2  │                 │              │  BBZ   │
   │V-ltr │                 │              │Bahnbus │
   │Ausl. │                 │              │Zentr.  │
   └──────┘                 │              └────────┘
```

— fachliche Leitung
•– – –• dienstrechtliche Leitung

Bild 3: Struktur des Absatzressorts

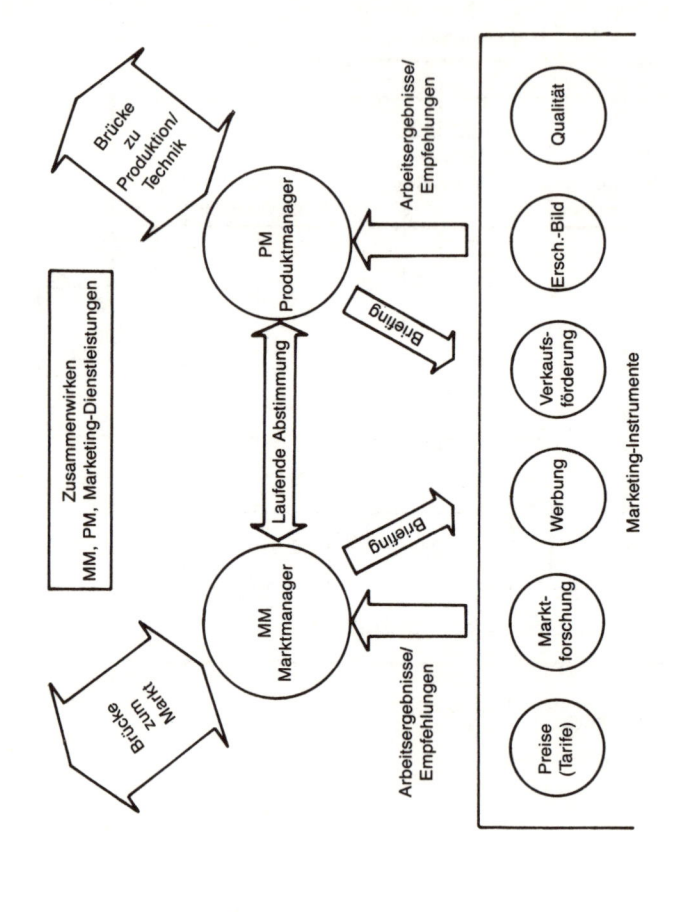

Bild 4: Zusammenwirken Marktmanagement, Produktmanagement, Marketing-Dienstleistungen

Struktur des Controlling-Ressorts

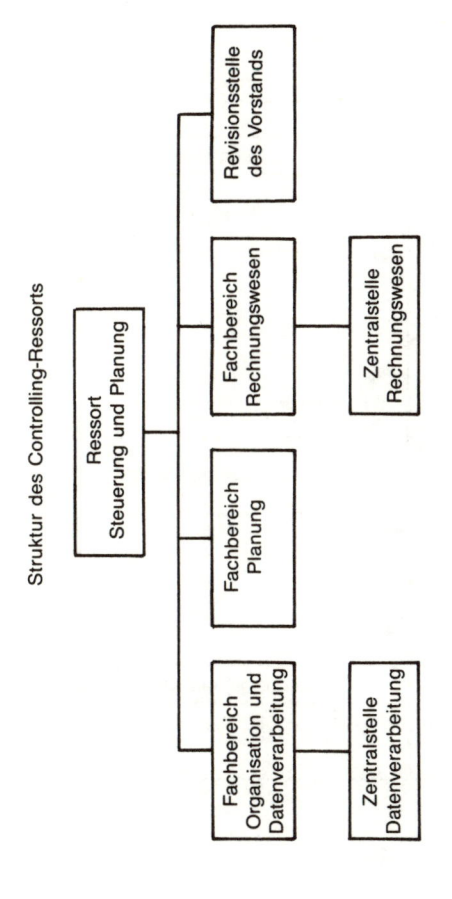

```
                    ┌──────────────────┐
                    │     Ressort      │
                    │ Steuerung und    │
                    │    Planung       │
                    └────────┬─────────┘
          ┌──────────────┬───┴──────────┬──────────────┐
          │              │              │              │
┌─────────┴────────┐ ┌───┴──────┐ ┌─────┴────────┐ ┌──┴──────────┐
│   Fachbereich    │ │Fachbereich│ │ Fachbereich  │ │Revisionsstelle│
│ Organisation und │ │  Planung  │ │Rechnungswesen│ │des Vorstands │
│ Datenverarbeitung│ │           │ │              │ │              │
└─────────┬────────┘ └──────────┘ └─────┬────────┘ └──────────────┘
          │                             │
┌─────────┴────────┐              ┌─────┴────────┐
│   Zentralstelle  │              │ Zentralstelle│
│ Datenverarbeitung│              │Rechnungswesen│
└──────────────────┘              └──────────────┘
```

Bild 5: Struktur des Controlling-Ressorts

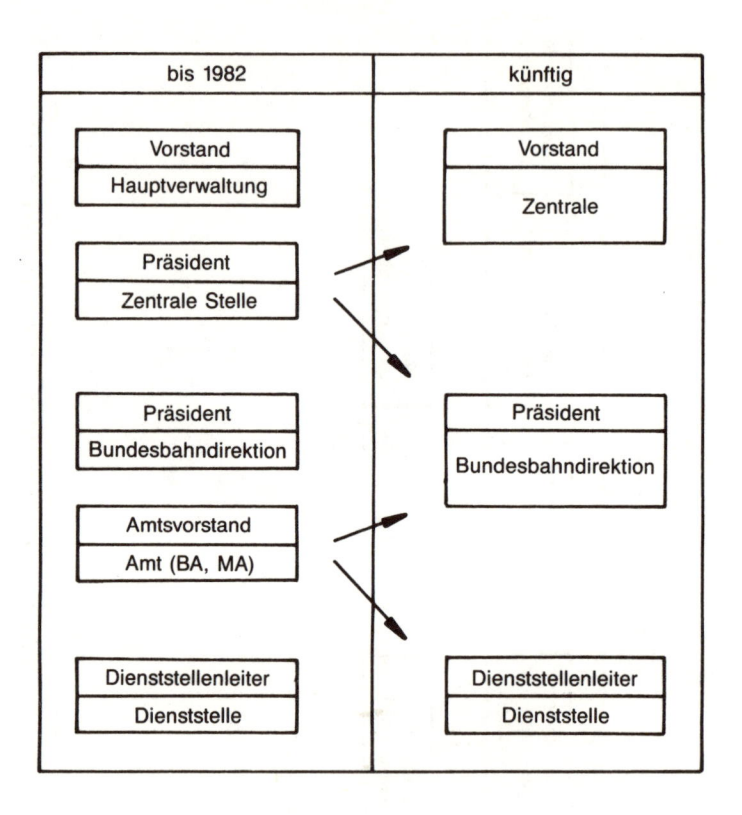

bis 1982	künftig
Vorstand Hauptverwaltung	Vorstand Zentrale
Präsident Zentrale Stelle	
Präsident Bundesbahndirektion	Präsident Bundesbahndirektion
Amtsvorstand Amt (BA, MA)	
Dienststellenleiter Dienststelle	Dienststellenleiter Dienststelle

Bild 6: Verkürzung des Instanzenzuges

VERGLEICH DER REALEN PRODUKTIVITAETSENTWICKLUNG
DB 90 - IST
(EIGENE ERTRAEGE\PERSONALBESTAND)

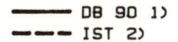

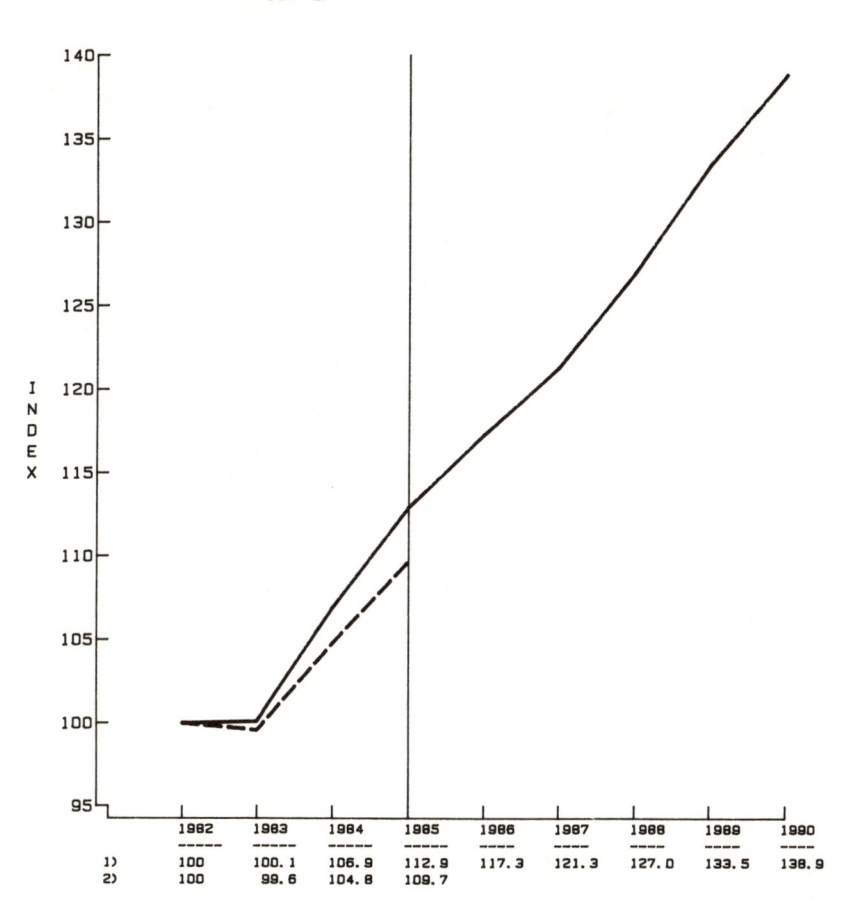

——— DB 90 1)
――― IST 2)

	1982	1983	1984	1985	1986	1987	1988	1989	1990
1)	100	100.1	106.9	112.9	117.3	121.3	127.0	133.5	138.9
2)	100	99.6	104.8	109.7					

HVB PL2 JUNI 1986

Bild 7: Vergleich der realen Produktivitätsentwicklung DB 90 – Ist (Eigene Erträge/Personalbestand)

VERGLEICH DER REALEN PERSONALKOSTENENTWICKLUNG
DB 90 — IST

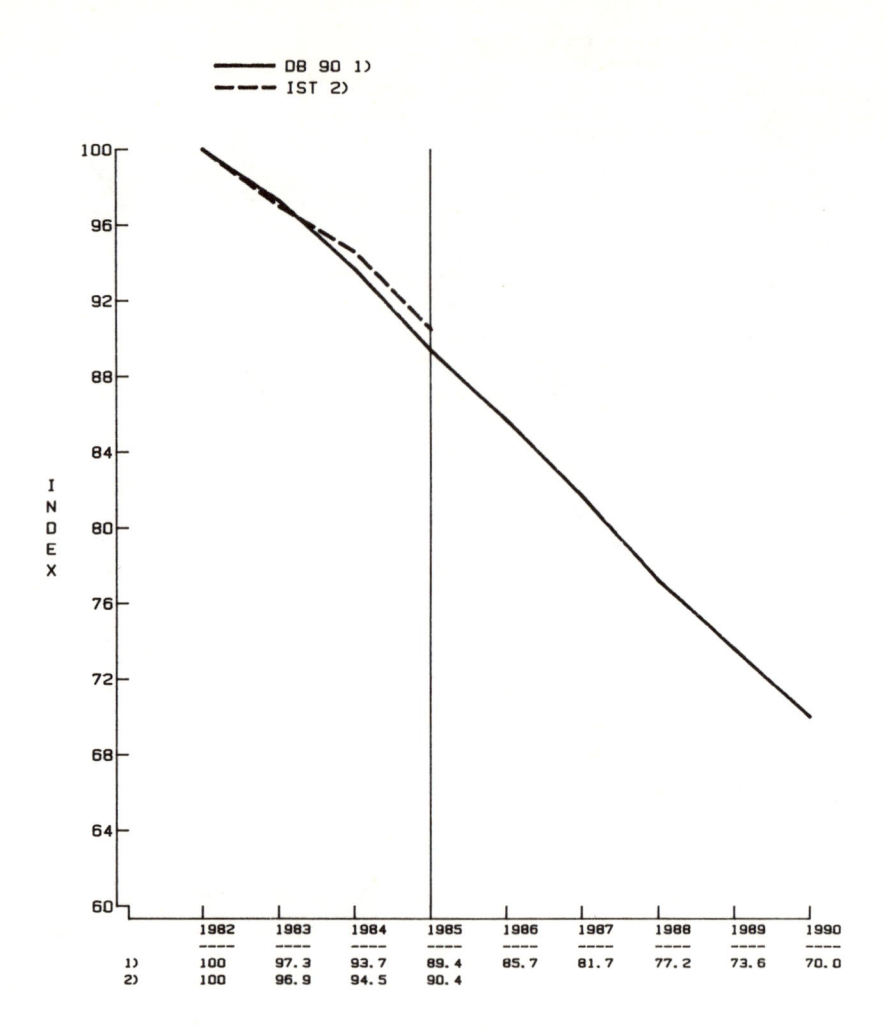

```
———— DB 90 1)
– – – IST 2)
```

	1982	1983	1984	1985	1986	1987	1988	1989	1990
1)	100	97.3	93.7	89.4	85.7	81.7	77.2	73.6	70.0
2)	100	96.9	94.5	90.4					

HVB PL2 JUNI 1986

Bild 8: Vergleich der realen Personalkostenentwicklung DB 90 — Ist

VERGLEICH DER REALEN GESAMTKOSTENENTWICKLUNG
DB 90 – IST

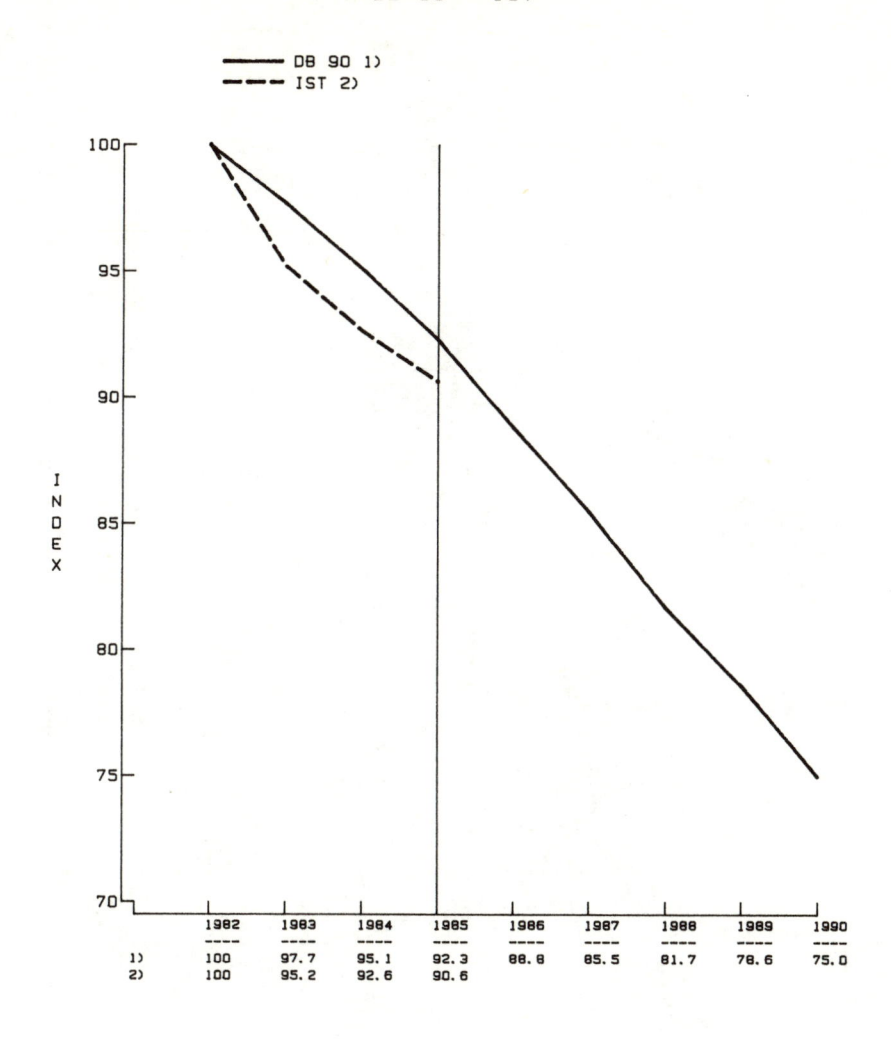

	1982	1983	1984	1985	1986	1987	1988	1989	1990
1)	100	97.7	95.1	92.3	88.8	85.5	81.7	78.6	75.0
2)	100	95.2	92.6	90.6					

HVB PL2 JUNI 1986

Bild 9: Vergleich der realen Gesamtkostenentwicklung DB 90 – Ist

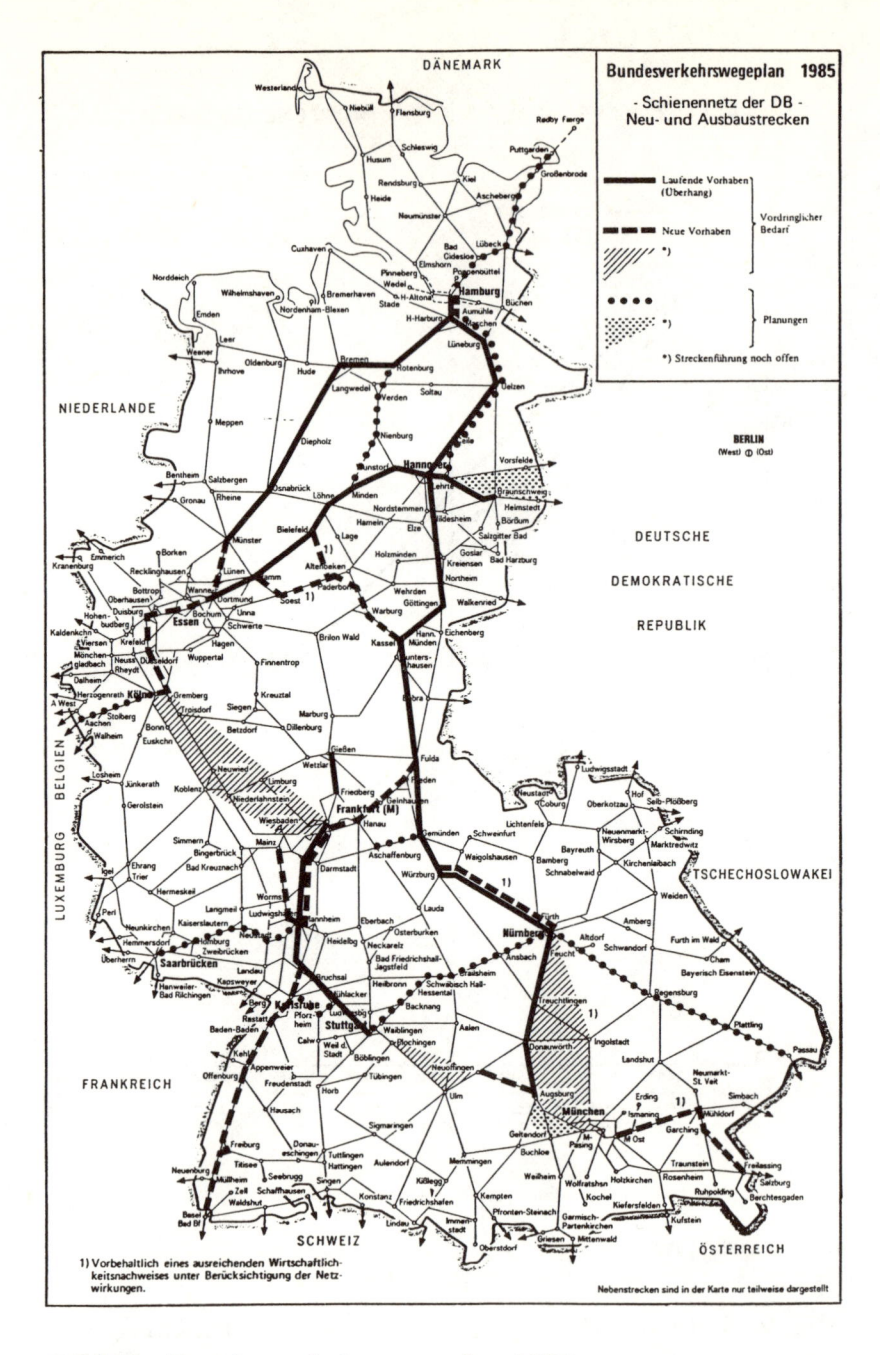

Bild 10: Bundesverkehrswegeplan 1985

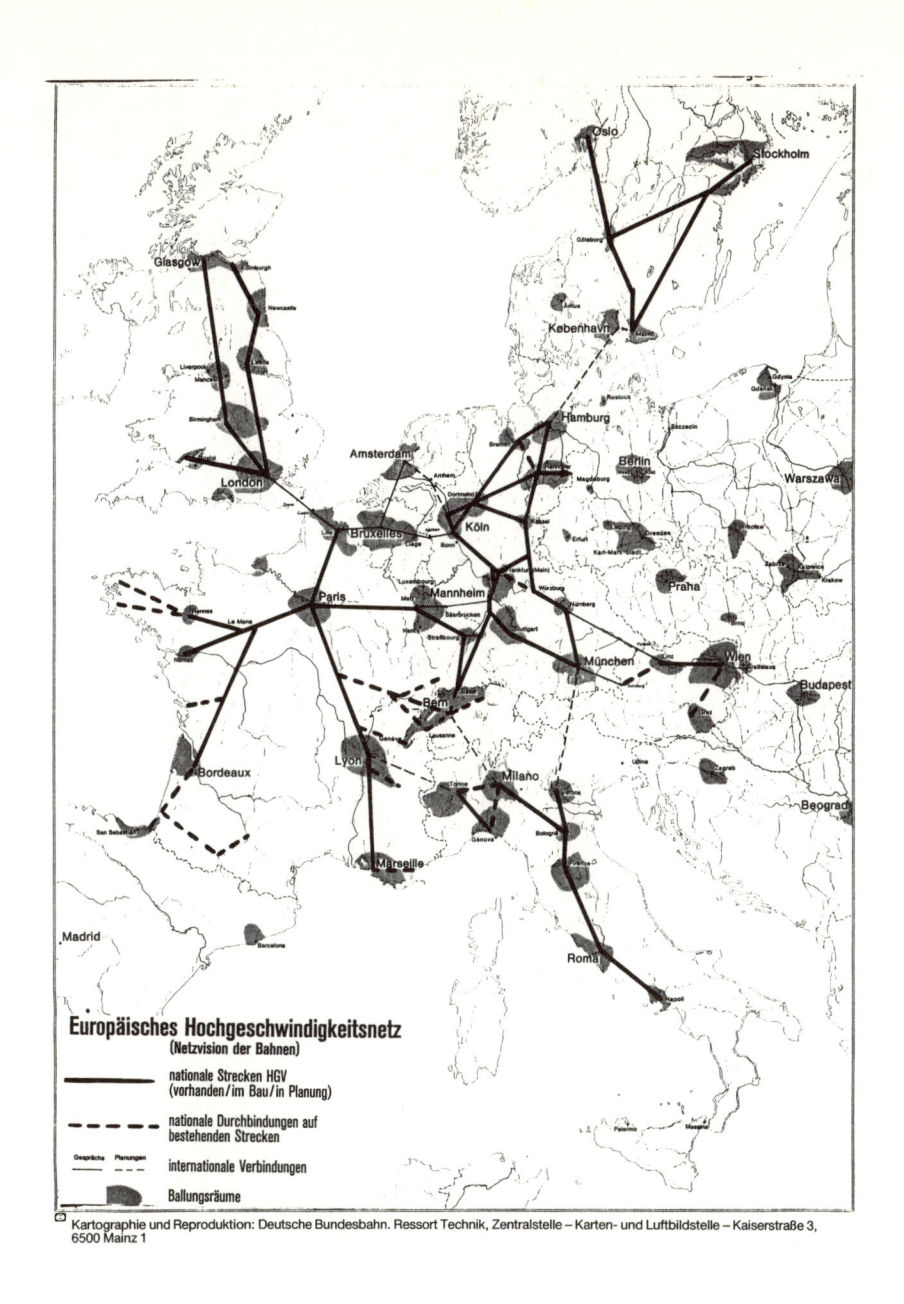

Bild 11: Europäisches Hochgeschwindigkeitsnetz

Helmut Sihler:

Werbung und Marketing

Neue Aspekte bei veränderter Bevölkerungsstruktur

Die ferne Zukunft beschäftigt uns angeblich sehr, aber so richtig zu tun haben möchten wir es mit ihr nicht; unser Handlungs- und wohl auch Denkhorizont geht, wenn wir ehrlich sind, im allgemeinen nicht über ein paar Jahre hinaus.

Eine Ausnahme ist unsere eigene Lebensplanung und die für unsere Kinder. Zehn oder zwanzig Jahre sind da Zeiträume, die wir für überschaubar und planbar halten und die oft auch tatsächlich planbar sind. Der Versuch darf also gewagt werden, anhand demographischer Daten und unter Berücksichtigung der in unserer Gesellschaft wirksamen Wertvorstellungen einen Blick auf das Jahr 2000 zu tun.

Wir entsprechen damit einer Aufforderung des Bundesfinanzministers, der in der Frankfurter Allgemeinen Zeitung am 26. März 1986 kritisiert hat, daß die Frage kaum diskutiert werde, welche Konsequenzen der Geburtenschwund für die Entwicklung der deutschen Wirtschaft haben wird. Stoltenberg meint, daß der drastische Rückgang der Geburten in der Bundesrepublik Deutschland ein Vorgang sei, über dessen Konsequenzen die Öffentlichkeit keine klaren Vorstellungen habe. Und er sagte: „Nur mit einem hohen Leistungsethos, einer dynamischen Volkswirtschaft und einer beachtlichen Kapitalbildung für die Zukunftsinvestitionen können die Folgen des demographischen Wandels ohne Brüche bewältigt werden."

Wahr ist: Nur allmählich dringt die Brisanz der demographischen Entwicklung in unser aller Bewußtsein. Wir sehen es an den Kindergärten und Schulen, die geschlossen werden müssen, weil keine ausreichende Zahl von Kindern mehr angemeldet wird. Wir verspüren die Angst um eine gesicherte Rente, wenn in dreißig Jahren auf einen Arbeitenden ein Rentner kommen soll. Die Bundeswehr kann ihren Personalbedarf nur durch die Verlängerung der Wehrdienstzeit decken. Der Innenminister hat in der letzten Woche im Bundeskabinett einen Bericht zur Bevölkerungsentwicklung vorgelegt, der von Sorge über die Konsequenzen dieser Entwicklung durchzogen ist.

Werbung ist herausgefordert

Und was hat das alles mit Werbung zu tun? Werbung, das ist doch offensichtlich jener Teil unserer wirtschaftlichen Aktivitäten, der in erster Linie auf den Tag, auf das Heute gerichtet ist. Werbung muß lebendig, anpassungsfreudig, innovativ sein. Werbung vollzieht Entwicklungen mühelos mit, weil sie nicht in großen Fabriken mit hoher Kapitalausstattung produziert werden muß. Werbung darf der Entwicklung immer ein Stück voraus sein und sie auch beeinflussen, aber sie darf sich nie von der Aktualität trennen. Was nützt es also, wird man fragen, wenn sich Werbeleute mit einer Entwicklung beschäftigen, deren harte Konturen erst in ein oder zwei Jahrzehnten sichtbar werden?

Ich gebe auf diese Frage drei Antworten.

Erstens: Auch die Werbung und gerade die Werbung muß Sensibilität beweisen für die entscheidenden Entwicklungen in unserer Umwelt, und zwar nicht nur um ihres eigenen Erfolges willen. Werbung ist ja nicht nur eine Einbahnstraße vom Hersteller – im weitesten Sinne des Wortes – zum Verbraucher – ebenfalls im weitesten Sinne des Wortes.

Durch die Werbung findet ja auch eine ständige Rückkoppelung statt. Wenn die Werbeleute sensibel sind für das, was in unserer gesellschaftlichen Umwelt vor sich geht, dann werden es auch ihre Auftraggeber sein.

Andererseits: Die Werbung würde geistig verarmen und an Wirksamkeit verlieren, wenn sie sich selbst als bloßes Instrument definieren würde.

Zweitens: Das Nachdenken über die Zukunft hilft bei der Standortbestimmung in der Gegenwart. Wir Werbeleute werden unmittelbar betroffen von zwei großen Veränderungen, dem Wertewandel in unserer Gesellschaft und dem aus technologischen Möglichkeiten sich ergebenden Wandel in der Struktur der Medien. Das eine berührt den Inhalt, das andere die Form der Werbung ganz unmittelbar. Allmählich werden aber auch die Auswirkungen der demographischen Revolution sichtbar werden.

Werbung muß flexibel, tagesnah sein. Die Firmen aber, die Werbung veranlassen, sie machen, die sie streuen, sind keine Tagesgebilde, sie möchten langfristig Bestand haben.

Sie müssen deshalb für sich Schlußfolgerungen ziehen aus dem, was die Zukunft für sie bedeutet. So mag die eine oder andere Überlegung, die hier anklingt, für sie einen Nutzen haben.

Drittens: Der dritte Grund schließlich, warum es sich für Werbeleute geziemt, auch einmal über die längerfristigen Perspektiven nachzudenken, hat eine andere, grundsätzlichere Dimension. Viele Veränderungen in der Gesellschaft der westlichen Länder werden dem Einfluß der Medien, insbesondere des Fernsehens, zugeschrieben. Frau Professor Noelle-Neumann hat nachzuweisen versucht, daß verstärkter Konsum von Fernsehen zu verändertem Bewußtsein, veränderten Wertvorstellungen und schließlich zu einer veränderten Lebenseinstellung führt. Oder man könnte auch Neil Postman zitieren, der sich in seinem Buch „Wir amüsieren uns zu Tode" kritisch mit den Auswirkungen der Bilderwelt auf unser Urteilsvermögen befaßt. Nun ist es aber eine Tatsache, daß die Medien, die uns beeinflussen, zu einem großen Teil vom Werbeaufwand abhängig sind.

Stellen wir uns einmal vor, es gäbe das von einigen Politikern gewünschte und von wenigen geforderte totale Werbeverbot: Wieviele Zeitschriften würden überleben? Das private Fernsehen, der private Rundfunk würden verschwinden oder keine Chance zur Entwicklung haben.

Ich mache mir den Kulturpessimismus der Kritiker unserer Medienwelt nicht zu eigen. Wir wollen aber den mittelbaren Zusammenhang zwischen Werbeaufwand, Medienstruktur und gesellschaftlicher Entwicklung nicht leugnen und an der Diskussion teilnehmen als Betroffene und Interessierte. Wir wären selbst ein Beispiel für die Richtigkeit der eben zitierten Kulturkritik, wenn wir uns von der Wirklichkeit nur ausschnittweise ein Bild machen würden oder aber auch, wenn wir in unserem Kopf unsere diversen

Rollen als Werbungtreibende, Verbandsfunktionäre und Medienkonsumenten säuberlich trennen wollten.

Die demographische Entwicklung

Doch nun zur demographischen Entwicklung. „Es ist ein leichtes, das Jahr, den Tag und vielleicht auch die Sekunde zu ermitteln, da der letzte Einwohner der Bundesrepublik Deutschland seinen Geist aushauchen wird und auf diese Weise fruchtbareren Völkern Platz macht...". Diese schmeichelhafte Prognose verdanken wir Igor Bestushew-Lada, Leiter des Sektors für soziale Prognostizierung am Institut für soziologische Forschungen der UdSSR-Akademie der Wissenschaften. Die Deutschen werden weniger, gewiß. Aber sie sterben keineswegs aus. Es ist ja nicht so, als würden in der Bundesrepublik zur Zeit überhaupt keine Kinder mehr geboren. Jahr für Jahr kommen hierzulande fast 600 000 Babys zur Welt. Das sind verglichen mit dem Babyboom Mitte der sechziger Jahre mehr als 400 000 Babys weniger, aber immer noch eine stattliche Zahl. Der Rückgang der deutschen Bevölkerung ist mit 0,2 Prozent pro Jahr so gering, daß man diesen Zustand sogar noch als „Nullwachstum" definieren kann. Kein Grund zur Panik also – oder doch?

Viele Beispiele in der Welt zeigen, daß die Steigerung des durchschnittlichen Lebensstandards bei rasch wachsender Bevölkerung ein schwierigeres Problem darstellt als Sicherung und Ausbau des Wohlstandes pro Kopf bei rückläufiger Bevölkerung.

Trotzdem: Es gibt Zeichen an der Wand. Denn die Deutschen halten einen Schwundrekord. Seit 1974 meldet die Bundesrepublik die niedrigsten Geburtenraten der Welt. Ist diese Entwicklung unaufhaltsam? Prognosen sind keine Tatsachen. Im Jahre 1966 – noch auf der Höhe des Geburtenanstiegs – wurde bis zum Jahr 2000 eine Zunahme der Bevölkerung um 14 Millionen errechnet. Nur sechs Jahre später – dem Babyboom war die Babybaisse gefolgt – wurde für denselben Zeitraum eine Abnahme von 4,5 Millionen prognostiziert. Es mag wieder eine Wende geben – wahrscheinlich erscheint sie nicht. Für die Absatzpotentiale, für das Marketing und für die Werbung gilt es jetzt und in der Zukunft immer stärker diese folgenden vier Schwerpunkte der demographischen Entwicklung zu berücksichtigen:

Erstens: Die Wohnbevölkerung in der Bundesrepublik wird bis zum Jahr 2000 leicht abnehmen. Die Modellrechnungen des Statistischen Bundesamtes ergeben, daß bis zum Jahr 2000 die Bevölkerung von heute 61 auf 60 Millionen Menschen sinkt. Der eigentliche Knick kommt erst nach der Jahrtausendwende: die Statistiker gehen von einer Abnahme der Bevölkerung bis zum Jahr 2010 auf 53 Millionen Einwohner aus, bis 2030 auf 48 Millionen.

Zweitens: Die Deutschen leben – bis heute wenigstens – immer länger. Nach einer Studie des Bundesgesundheitsamtes über die Sterblichkeit beträgt die mittlere Lebenserwartung heute 73,8 Jahre, während sie im Jahr 1950 noch bei 66,5 Jahren gelegen hatte. Die Unterschiede zwischen den Geschlechtern sind dabei erheblich. Männer werden durchschnittlich 70,5, Frauen dagegen 77,1 Jahre alt. Unverständlich allerdings, daß die Sterberate von Neugeborenen bei uns noch immer höher liegt als anderswo.

Drittens verändert sich ganz erheblich die Altersstruktur der Bevölkerung. Die Quote der Kinder und Jugendlichen unter 20 Jahren geht von derzeit 25 auf 21 Prozent bis zum

Jahr 2000 zurück. Bis 2030 rechnet man mit einem weiteren Absinken auf 17 Prozent. Damit würden dann statistisch 100 Personen im erwerbsfähigen Alter für 116 junge und alte Menschen sorgen müssen. Bis zur Jahrtausendwende wird die Gruppe der 60-jährigen und älteren bereits 24 Prozent der Bevölkerung ausmachen. Bis zum Jahr 2030 steigt dieser Anteil sogar auf 37 Prozent. Dies würde praktisch eine Verdoppelung des „Alten-Anteils" bedeuten, denn gegenwärtig ist in der Bundesrepublik erst jeder Fünfte älter als 60 Jahre.

Viertens wird trotz sinkender Bevölkerung die Anzahl der Haushalte nicht abnehmen, sondern noch leicht steigen. Aber die Haushalte werden kleiner. Statistisch gesehen ist der 4-Personen-Arbeitnehmerhaushalt passé, der 2-Personen-Haushalt wird die Regel; zunehmend auch mit zwei Erwerbstätigen je Haushalt.

Weitere Entwicklungen

Noch zwei weitere Entwicklungslinien seien berührt, die für die Konsum- und Werbewelt bis zum Jahr 2000 zumindest ähnliche Bedeutung haben werden wie die eben skizzierten demographischen Entwicklungen.

Für die Marketingstrategen wird die ‚stille' Bildungsexplosion zu einem wichtigen Faktor bei der Planung. Zwar hängt bei vielen Produkten nach wie vor der Verbrauch von der Einkommenshöhe ab. Aber der Bildungsgrad wächst als Einflußfaktor für die Verwendung des Konsumbudgets. Kein Wunder: bis zum Jahr 2000 – also in nur 15 Jahren – verdoppelt sich die Zahl der erwerbsfähigen Hochschulabsolventen in der Bundesrepublik auf dann vier Millionen. Und stellte die Mediaanalyse 1975 noch bei weniger als 30 Prozent der Bevölkerung über 14 Jahre einen höheren Schulabschluß fest, so sind es in der Mediaanalyse 1985 schon fast 38 Prozent – ein Anstieg von 13 auf 18 Millionen Personen. Diese Entwicklung wird sich in den nächsten Jahren weiter verstärken.

Und schließlich – so glaube ich – ist der zunehmend diskutierte Wertewandel bei den sich abzeichnenden Veränderungen ein entscheidendes Faktum. Diesen Wertewandel spüren wir in uns selbst, spüren ihn an unseren Kindern, wir erleben ihn in unserer Gesellschaft. Hier ist weder der Ort noch die Zeit, ausführlich über die Gründe und die Zielrichtungen des Wertewandels zu sprechen. Mit den demographischen Veränderungen hängt er aber entscheidend zusammen. Denn was anderes kann ein Rückgang der Geburtenzahlen von 1 Million auf unter 600 000 in Deutschland begründen als geänderte Wertvorstellungen? Es gab zwar Zeiten in Deutschland, da das Kinderkriegen zur nationalen Pflicht hochstilisiert wurde. Für die meisten war aber doch das Leben mit Kindern eine durch nichts zu ersetzende Form des privaten Glücks. Hier ist ein Wandel eingetreten, dem auch die „Wende" bisher nichts anhaben konnte.

Wer Kinder will, hat im allgemeinen eine positivere Vorstellung von der Zukunft als derjenige, der keine Kinder haben möchte. Mit unseren negativeren Vorstellungen von der Gegenwart ist uns auch die Zukunft abhanden gekommen. 1969 sagten 66 Prozent auf die Frage, „Finden Sie, daß wir in einer glücklichen Zeit leben, oder würden Sie das nicht sagen?", ja, sie lebten in einer glücklichen Zeit. 1982 waren es nur noch 37 Prozent, und es ist wenig wahrscheinlich, daß sich dieser Prozentsatz nach Tschernobyl positiv verändert hat. 1972 glaubten 76 Prozent an den Fortschritt in dem Sinne, „daß die Menschheit einer immer besseren Zukunft entgegensieht". 1984 waren es weniger als die Hälfte, 49 Prozent. 1966 meinten 78 Prozent, die Technik wäre eher ein Segen. 1981 waren nur mehr 32 Prozent dieser Meinung. Die Jugendumfrage der Shell hat gezeigt, daß man die Zukunft um so düsterer sieht, je mehr man höhere Schulen besucht hat. Im Durchschnitt der Jugendlichen waren 58 Prozent skeptisch eingestellt und nur 42 Prozent zuversichtlich. Begründungen für diese negative Stimmungslage, die zu verwandelten Einstellungen und Wertvorstellungen führt, lassen sich natürlich viele finden, vom drohenden Atomkrieg angefangen bis hin zu Umweltkatastrophen, von größeren Gefahren für die Gesundheit bis hin zur Arbeitslosigkeit.

Die Angst kann an diesen Gründen festgemacht werden, sie ist aber – nach meiner Überzeugung – nicht von ihnen ausgelöst. In den USA ist die Welle des Pessimismus ausgelaufen und der Mut zur Zukunft die selbstverständliche und selbstbewußte Stimmungslage der Nation geworden. Bei uns dagegen überwiegt die Skepsis und die politisch trefflich aufbereitete Angst. Wird das so bleiben?

Andererseits ist nicht zu vergessen: Die Jugend erlebt eine Dynamik auf neue Werte hin, die für das Konsumverhalten von morgen und für die Werbung wichtig sind: Seelische Qualitäten werden aufgewertet, gefühlsmäßige Betroffenheit wird gewagt, mehr Gefühl gezeigt, mehr emotionale Sicherheit gegeben. Anteilnahme, Wärme, Bindungsbereitschaft sind wieder „in".

Wir haben jetzt einige Grundelemente für die Deutung der zukünftigen Situation gesammelt: Bevölkerungsrückgang, Verschiebung der Altersstruktur, kleiner werdende Haushalte, zunehmender Bildungsstandard, den Wertewandel, besonders bei den Jungen, die um 2000 die mittlere Generation sein werden.

Die Nachfrage verändert sich

Was bedeutet dies alles für das Marketing? Vor allem drastische Verschiebungen in der Nachfragestruktur und der Nachfragemotivation. So wird die Nachfrage für Erzeugnisse, die für Kinder hergestellt werden, um bis zu 30 Prozent zurückgehen – ebenso für Junioren. Vor allem aber macht sich um die Jahrtausendwende der Verlust an Nachfrage bei der Altersgruppe der 20- bis 30-jährigen bemerkbar – also jener Phase im Lebenszyklus, in die meist die Gründung einer Ehe und Familie und damit zum Beispiel die Einrichtung einer Wohnung fällt. Möbel, Haus- und Küchengeräte, TV- und Hörfunkapparate usw. werden in dieser Altersgruppe deutlich weniger abgesetzt werden können als früher.

Hersteller und Handel müssen sich angesichts der Umwälzungen im Altersaufbau der Bundesrepublik Deutschland auf eine neue Positionierung ihrer Zielgruppen vorbereiten. Ich will das kurz an derjenigen Gruppe andeuten, die künftig in unserer Gesellschaft Karriere machen wird; die älteren Menschen.

Die Älteren und Alten treten nicht mehr als Vereinzelte, sondern als sehr gewichtige Gruppe in Erscheinung.

Für dieses Phänomen gibt es keinen Vergleich mit früheren Zeiten. Wir haben es mit „neuen Alten" zu tun. Aus der Epoche des Kindes wird unversehens die Epoche der Älteren. Auf diesen historischen Wandel sind wir nicht vorbereitet. Noch stehen wir ihm ratlos (und tatlos) gegenüber. Doch sicher ist: Die Verlängerung bedeutet eine tiefgreifende Veränderung des gesamten Lebensverlaufs und seiner gesellschaftlichen Einschätzung. Unsere Gesellschaft sieht heute noch den älteren Menschen überwiegend gezeichnet von Leistungsabbau, von Verlust der Fähigkeiten und Fertigkeiten, nahezu ausschließlich in der Rolle des Passiven, zu Betreuenden, Bedürftigen, des Nehmenden, des Rente und Hilfe Empfangenden – auch des Kostenfaktors.

Dieses Altersbild ist für die Zukunft falsch – es muß falsch sein –, wie auch manche Untersuchungen unterdessen belegen. Wir haben allgemein Abschied zu nehmen von der Vorstellung der Altersdekadenz und Altersunbeweglichkeit; bei einzelnen Männern und Frauen galt diese Vorstellung ja ohnedies nie.

Wir sollten uns vorbereiten auf eine Alterskultur, die wichtige Konsumimpulse auslöst und dies nicht nur bei typischen Altersprodukten wie Gesundheitspflegemitteln, Diätetika usw. Die Chancen und Risiken dieser Verschiebung der Alterspyramide sind für die verschiedenen Hersteller unterschiedlich. Für alle aber gilt: Was getan werden kann, muß rechtzeitig getan werden. Jeder, der mit Konsumgütern zu tun hat, weiß, wie lange es dauert, neue Marken aufzubauen und Vorstellungsbilder, die sich einmal festgesetzt haben, zu verändern. Das gilt vor allem bei älteren Verbrauchern, die bei aller neuen Beweglichkeit, die von ihnen gefordert werden wird, und die sie auch aufbringen werden, den vertrauten Firmen, den vertrauten Marken, dem vertrauten Stil ihren Vorzug geben werden.

Es wäre reizvoll, auch über den Medienkonsum dieser Gruppe zu spekulieren. Nicht nur aus Zeitgründen möchte ich das nicht tun. Für uns alle aber gilt: Wer den großen „Alten-Markt" des Jahres 2000 für sich haben will, der muß ihn schon heute anfangen zu erschließen.

Günstige Entwicklungen

Nimmt man die demographischen und ökonomischen Daten als Ganzes, dann zeichnen sich bis zum Jahre 2000 – trotz mancher Einschränkungen – günstige Entwicklungen ab. Die Arbeitslosigkeit wird zurückgehen, das Pro-Kopf-Einkommen in der Bundesrepublik real um fast 50 Prozent ansteigen, die Auswirkungen des Bevölkerungsrückgangs begrenzt bleiben. Dies wird alles aber nur eintreten, wenn – von internationalen Verwicklungen abgesehen – wir unser eigenes Haus in Ordnung halten und nicht dem Teufelskreis von Angst, politischer Fehlreaktion und der darauf folgenden wirtschaftlichen Stagnation anheimfallen.

Die Werbung ist ein aktiver, wachsender Wirtschaftszweig. Mit einem Umsatz der Medien von 15,5 Mrd. DM, das sind 2,8 Prozent mehr als im Vorjahr, ist sie eine große Dienstleistungsbranche.

Ohne diesen Werbeaufwand wäre die heutige Medienstruktur nicht möglich. Immer wieder zeigt sich, daß Werbung mit wachsendem Wohlstand korreliert ist. Wir glauben, daß das auch ein Kausalverhältnis ist, denn nur dort, wo der Wille zum Konsum geweckt wird, gibt es eine Grundlage für ein verbreitertes, verbessertes, vergrößertes Konsumgüterangebot, für mehr Beschäftigung, für mehr Wohlstand und Wachstum.

Und trotzdem sieht sich die Werbung vielfältiger Kritik ausgesetzt. Von der „geheimen Verführung" bis hin zum „Konsumterror" reichen da die Angriffsvokabeln. Dann gibt es immer wieder Pläne, die Werbung teilweise zu verbieten oder ihre steuerliche Abzugsfähigkeit abzuschaffen. Ein besonders abstruser Vorschlag wurde von einem Senator aus Bremen gemacht, der Maßnahmen vorgeschlagen hat, um zu verhindern, daß Kinder die Fernsehwerbung sehen. Das übrige Programm hat er anscheinend als unschädlich eingestuft. Diese politisch motivierte Kritik an der Werbung darf uns nicht gleichgültig lassen, da sie in der Bevölkerung einen gewissen Widerhall findet.

Seit 1969 stellt das Institut für Demoskopie im Auftrage von Henkel an die Bevölkerung die Frage: „Was denken Sie über die Reklame, die man überall sieht, also die Plakate, die Anzeigen in Zeitungen und Zeitschriften, im Fernsehen? Finden Sie es gut, daß Reklame gemacht wird und man auf diese Weise sieht, was es alles gibt, oder finden Sie die Reklame lästig?" (Daß von Reklame gesprochen wird, hat mit dem allgemeinen Sprachgebrauch Ende der sechziger Jahre zu tun. Heute ist das Wort Reklame erfreulicherweise auf dem Rückzug.) 1969 antworteten 67 Prozent, sie fänden die Werbung gut, und nur 20 Prozent, sie fänden sie lästig. 1974 waren dagegen zum ersten Mal mehr Befragte gegen die Werbung als für sie. Seitdem hat sich die Zustimmung zur Werbung – trotz manchem Auf und Ab – wieder gebessert, heute sagen auf die gestellte Frage 47 Prozent, sie fänden es gut, daß es Werbung gibt, und 37 Prozent finden „Reklame" lästig. Für die Wirksamkeit des Instruments Werbung ist es wichtig, dafür zu sorgen, daß die negativen Stimmen nicht wieder überhand nehmen und wenn möglich die frühere Zustimmung zur Werbung wiederum erreicht wird. Dazu können wir alle beitragen.

Erstens dadurch, daß wir hinreißende, aufregende, attraktive, unterhaltsame Werbung machen.

Zweitens, indem wir die Tätigkeit des Deutschen Werberats unterstützen, der durch sein Vorhandensein verhindert, daß abstoßende Werbung auf den Markt kommt, und dafür sorgt, daß Auswüchse beseitigt werden.

Drittens, indem manche Medien bedenken sollten, daß es zwar außerordentlich spannend ist, den Ast, auf dem man sitzt, abzusägen, daß man aber diese sogenannte Aufklärungsarbeit nur für eine begrenzte Zeit ohne Folgen betreiben kann.

Die Werbung braucht kreative, intelligente, aufgeschlossene, bewegliche Mitarbeiter. Wir werden sie um so eher finden, je besser das Bild der Werbung bei den Jugendlichen ist.

Wir alle können die Zukunft nicht voraussehen, weder außenpolitisch noch innenpolitisch, weder im Hinblick auf die wirtschaftlichen noch auf die gesellschaftlichen Gegebenheiten. Wir können aber das unsere dazu beitragen, daß sich unsere Gesellschaft auf eine Weise entwickelt, die wir für die richtige halten. Wenn wir das nicht entschlossen tun, werden wir das Feld anderen überlassen, die ganz andere Vorstellungen haben.

Was ist die richtige Entwicklungsrichtung? Sie ist bestimmt von der festen Überzeugung, daß die Freiheit wirtschaftlichen Handelns die Grundlage unseres Wohlstands und daß diese Freiheit ein wichtiges Moment unserer gesellschaftlichen Ordnung ist. Die Werbung, als Teil dieser Freiheit, ist ein notwendiger Bestandteil unseres modernen Lebens, etwas das uns anregt, irritiert, überzeugt, uns sehnsüchtig stimmt und Mut macht; eine Lebensäußerung, die unvollkommen ist und nicht immer tierisch ernst genommen werden muß, aber ohne die unsere Welt leerer und ärmer wäre.

Teil C

Anforderungen an die Führung

Heik Afheldt:

Das Anforderungsprofil der Führungskräfte

Über *ideale Führer* wird nicht erst seit Alexander, Jesus, Wallenstein oder Khomeini gesprochen, geschrieben und gestritten. Jeder einzelne hat dazu eine recht bestimmte, aber wenig klare Vorstellung. Sicherlich gibt es Konstanten und Variable im Bild geeigneter Führungskräfte. Eine Konstante ist zweifellos der Führungswille als Voraussetzung für Führung. Beispiele für Führen wider Willen finden wir in der Geschichte der Erbmonarchien, bei denen die Nachfolger kläglich und tragisch gescheitert sind, ebenso wie in Familienunternehmen, in denen Führungswille oft so wenig vererbbar ist wie Führungseignung.

Aber wie erkenne ich *Führungseignung* und wie bilde ich diese aus und weiter? Ist die Eignung zur Führung unabhängig von der Aufgabe, der Größe des Unternehmens, der Wettbewerbssituation, in der ein Unternehmen steht, dem Gewicht der Mannschaft (gegenüber Maschinen?) und ist Führung unabhängig von den Techniken, die ich als Führungswerkzeuge zur Verfügung habe? Woher kommen gültige und brauchbare Antworten auf diese Fragen? Und welche Anforderungen an Führung sind in 15 Jahren zu erwarten? Inwieweit unterscheiden sie sich dann von denen heute?

Welche Anforderungen an Führung im Jahre 2000 lassen sich erkennen?

Beginnen wir mit Schwachpunkten der Führung von *heute*: Von Dietrich Dörner,[5] dem Bamberger Psychologen, stammt eine interessante Analyse, die vor allem katastrophale Mängel im *strategischen Denken* heutiger europäischer Führungskräfte offenbart hat. Er weist hier vor allem auf mangelndes Denkvermögen beim Umgang mit Unbestimmtheiten und Komplexität hin und nennt folgenden Schwächenkatalog:

1. mangelnde Zielerkennung;
2. mangelhafte Situationsanalyse;
3. einseitige Schwerpunktbildung;
4. unbeachtete Nebenwirkungen;
5. Unter- und Übersteuerung;
6. autoritäres Verhalten.

Und als einen entscheidenden, allen diesen Schwächen zugrundeliegenden Fehler sieht er das Dominieren des monokausalen, linearen Denkens. Hieraus zieht er die Lehre: „In komplexen Systemen ist es sinnvoll, da sehr entlastend, möglichst viele Steuerungsaktivitäten dem System selbst zu überlassen. Das aber bedeutet Machtverzicht".[5]

Wie vielen Führungskräften ist diese einfache Wahrheit bewußt – und wie viele von denen, die dieses wissen, verhalten sich demgemäß?

Aus der Bestselleruntersuchung „In search of excellence" von McKinsey lassen sich folgende 8 Kurzformeln für erfolgreiches Führen von Unternehmen herausdestillieren:

1. Primat des Handelns;
2. Nähe zum Kunden;
3. Freiraum für Unternehmertum;
4. Produktivität durch Menschen;
5. Sichtbar gelebtes Wertesystem;
   (Die Grundphilosophie eines Unternehmens hat weit mehr Einfluß auf seine Leistungsfähigkeit als technologische oder finanzielle Ressourcen, Organisationsstruktur, Innovationsrate oder timing. Nach Watson und William Hewlett von Hewlett Packard.)
6. Bindung an das angestammte Geschäft;
7. Einfacher, flexibler Aufbau;
8. Straff lockere Führung.

Bleiben wir bei diesem letzten Punkt. Soviel Führung wie nötig, so wenig Kontrolle wie möglich. Nach der „Mc-Kinsey-Untersuchung" sind die überragenden Unternehmen zentralistisch und dezentralistisch zugleich. Sie haben Freiräume für Unternehmergeist, aber zentrale oder gemeinsame Grundwerte und ein zentrales strategisches Controlling. Das Grundmuster ist sichtbar. Ich denke, diese Anforderungen gelten auch noch in 15 Jahren. Aber sie sind offenbar sehr schwer umzusetzen. Nicht zuletzt deshalb, weil sie scheinbare Widersprüche enthalten. So wie die Japaner

Menschen und Organisationen nicht „eindeutig" beschreiben mit „starr oder flexibel" und „autoritär" oder „kollegial", „liebenswürdig" oder „bissig". Ein Mensch und seine Organisation ist sowohl starr als auch flexibel abhängig von der Situation, in der er sich befindet.

Gibt es weitere Quellen auf dem Wege zur Erkenntnis, was Führung ist und welche Art von Führung es braucht? Lange Zeit galt Nordamerika als das Mekka des Managementwissens.

Werfen wir deshalb noch einen Blick auf das AMA[6)]-Programm. Dieses Programm geht im Kern davon aus, daß der erfolgreiche Manager nicht angeborene, sondern angelernte Fähigkeiten hat. Die dort unterschiedenen 28 Kompetenzen sind in vier Kategorien gegliedert:

– intellektuelle;
– unternehmerische;
– sozio-emotionale und
– interpersonale Kompetenzen.

Im einzelnen werden darunter verstanden:

a) Intellektuelle Kompetenzen

– *logisches Denken:* die Fähigkeit, Denken und Handeln logisch zu organisieren,
– *Konzeptualisierung:* die Fähigkeit, scheinbar beziehungslose Dinge in einem Grundmuster zu ordnen,
– *Diagnostischer Gebrauch von Konzepten:* die Fähigkeit, bekannte Theorien und Modelle anzuwenden oder im Bedarfsfall selbst neue Theorien und Modelle zu entwickeln.

b) Unternehmerische Kompetenzen

- *Leistungsorientierung:* vorhandene Ressourcen effektiv und optimal einsetzen,
- *Aktive Handlungsorientierung:* Initiativen ergreifen.

c) Sozio-emotionale Kompetenzen

- *Selbstkontrolle;* die Fähigkeit, eigene Impulse und persönliche Belange unter Kontrolle zu halten,
- *Intellektuelle Beweglichkeit;* sich frei und spontan auszudrücken oder zu verhalten,
- *Perzeptive Objektivität;* d.h. jederzeit in der Lage zu sein, mit emotionalem Abstand anstehende Aufgaben zu lösen. Das muß so weit gehen, daß ein Manager gegensätzliche Standpunkte vorurteilsfrei präsentieren kann.
- *Genaue Selbsteinschätzung;* das Wissen um die eigenen Stärken und Schwächen,
- *Robustheit und Anpassungsfähigkeit;* d.h. konzentriert viele Stunden arbeiten, unerwartete Situationen meistern können.

d) Interpersonale Kompetenzen

- *Überzeugendes Auftreten,*
- *Förderung der Mitarbeiter* und Entwicklung von deren Kompetenzen, Integration in Teamarbeit,
- *Leistungsmotivation* mit symbolhaftem und gesellschaftlichem Verhalten,
- *Einfluß ausüben*, sich durchsetzen können, Gehör verschaffen können,

- Die Fähigkeit, *verschiedene Formen von Entscheidungsgewalt* angemessen anwenden zu können, sowohl das Entscheidungsrecht der Kapitalseite als auch gesellschaftlich übertragene Entscheidungsbefugnis,
- *Sprechkompetenz*, die Fähigkeit, eine allgemein verständliche, gleichwohl überzeugende Sprache zu sprechen,
- *Delegationsfähigkeit*,
- die *Fähigkeit, Gruppenverhalten zu managen*, die Fähigkeit, Teams zusammenzuschweißen, ihren Stolz, ihre Bereitschaft zur Zusammenarbeit zu steigern.

Dieses sind also die anzustrebenden Kompetenzen in einem typisch amerikanischen Ausbildungsprogramm. Lassen sich diese Einsichten auf Europa und die Bundesrepublik übertragen? Das entsprechende, aus den Analysen abgeleitete Schema zur Verbesserung der Managerfähigkeiten ist als Grundmodell sicherlich auch für Europa interessant. Die Kulturen sind zwar unterschiedlich – aber die Unterschiede werden im Laufe der weltwirtschaftlichen Integration allmählich geringer.

Eine Frage aber bleibt: Was hat ein so allgemeines Programm mit den spezifischen Entwicklungen bis zur Jahrtausendwende zu tun? Gibt es nicht auch besondere *künftige* Führungsaufgaben und also -anforderungen? Sonst hätten wir gleich bei Clausewitz bleiben können! Zum Schluß deshalb nun der Versuch, mögliche Lehren aus den erkannten Entwicklungen von Unternehmensfeldern und Unternehmensstrukturen zu ziehen. Die folgenden Forderungen lassen sich ableiten:

1. Stabilität wird auch im Jahre 2000 nicht das Muster von Wirtschaft und Gesellschaft prägen. Die Führungspersönlichkeiten müssen also *flexibel* auf veränderte Bedingungen reagieren, Interesse für übergeordnete Entwick-

lungen mitbringen und Innovationen positiv gegenüberstehen.

2. Die Wirtschaft, die Unternehmen werden internationaler. Die Führung muß *international* denken und handeln können und wollen. Hierzu gehören sowohl ausgeprägte Sprachfähigkeiten als auch die Bereitschaft und die Fähigkeit zu interkultureller Verständigung.

3. Die *technologischen Entwicklungen* verändern Wettbewerbspositionen rasch: Die Führung muß ein offenes Auge für *neue technische Möglichkeiten* haben, um davon für das Unternehmen den wirtschaftlich sinnvollsten Gebrauch zu machen. Im Hinblick auf die Informations- und Kommunikations-Technologien müssen *eigene* Erfahrungen hinzukommen. Hier bildet die Überalterung des Managements bis zum Jahre 2000 eine Gefahr.

4. Der *Produktivfaktor „human ressources"* wird weiter an Bedeutung gewinnen. Die weitere Entwicklung zum Dienstleistungssektor ist *ein* Grund dafür. Für die Herstellung von Diensten und den Verkauf spielt die Motivation der Mitarbeiter eine besonders entscheidende Rolle. Damit gewinnt die motivierende Menschenführung innerhalb der Kompetenzskala an Bedeutung. Flexible Antworten auf die bevorzugten zeitlichen Einsatzmodelle der Angestellten und differenzierte Incentive-Systeme sind gefordert. „Es wird sich rechnen, den Wünschen der Mitarbeiter nach Selbstwertgefühl, menschlicher Würde und Selbstverwirklichung zu entsprechen" (Artur Wollert, BMW).

5. Der *Wertewandel* ergreift auch die „Führer". Überzeugende Führungspersönlichkeiten müssen deshalb mut-

maßlich auch Luft für eigene Phasen von „Selbstverwirklichung" haben. Dies hieße, Führungsmodelle zu entwickeln, die mehr Zeiten für Rotation und für kreative und der Weiterbildung dienende Pausen haben.

6. Der Unternehmenserfolg ist künftig noch mehr als in der Vergangenheit von einer *„Harmonie" der Unternehmen*, ihrer Zielsetzung, ihrer Prozesse, ihrer nach außen wahrgenommenen Erscheinungsformen (inkl. Gestaltung der Bauten) und ihrer Produkte *mit der sie umgebenden Gesellschaft* abhängig. Sensibilität für die äußeren Ansprüche, angemessene Reaktionen und geeignete Mitwirkung im sozialen und politischen Umfeld sind deshalb von existentieller Bedeutung.

7. Das *soziale und politische Umfeld* beeinflußt den Unternehmenserfolg vermutlich noch mehr als heute. Die Unternehmensführungen müssen einen größeren Teil ihrer Ressourcen der Beschäftigung mit den politischen Gruppierungen widmen.

Wie kann man nun diesen alten und neuen, veränderten Anforderungen bestmöglich entsprechen?
   Das AMA-Programm bietet hierzu einen Anhaltspunkt. Es beruht auf drei Grundannahmen:

1. Erfolgreiche Manager weisen identifizierbare gemeinsame Eigenschaften auf.
2. Diese gemeinsamen Eigenschaften sind ursächlich für ausgezeichnete Managementleistungen.
3. Viele dieser Eigenschaften sind erlernbar.

Wenn dem so ist, dann haben wir auch Handlungsanleitungen für eine entsprechende Auswahl, Verbesserung, Verbreiterung und Veredelung der Ressource „Führungsqualität" und „Führungspersönlichkeit".

Handlungsbedarf und Handlungsmöglichkeiten zur Entwicklung von Führung

Zunächst zum *Handlungsbedarf*.

- Der eher härtere internationale Wettbewerb erfordert eine vorausschauende Förderung der Ressource „Führung" in der Bundesrepublik;
- hierbei müssen wir die *Menge* und die *Qualität* beachten. Die Fortschreibung des „Parks an Führern" zeigt fünf gefährliche Engpässe:
  a) eine drohende Überalterung im Bestand;
  b) heute Zugangsprobleme im unteren Altersdrittel;
  c) Qualifikationsdefizite der Führung;
  d) Überforderungssymptome/Aussteigertendenzen;
  e) mangelnder Status des Unternehmers.

Was erwachsen hieraus für *Handlungsmöglichkeiten*?

1. Wir brauchen eine breitere Werbung in der Öffentlichkeit für den Beruf des Unternehmers und die Funktion der Führung. Das Ziel muß sein: Erhöhte Nachfrage nach Führungsfunktionen und erhöhtes gesellschaftliches Prestige.

2. Wir brauchen eine verstärkte laufende Fortbildung der Unternehmensführer mit den Schwerpunkten

- Internationalisierung (Sprachen, kulturelle Kenntnisse);
- Technikverständnis (Übersicht über Trends, Management von Forschung, Entwicklung und Design);
- Umfeldentwicklung (Förderung der Sensibilitäten für Wertewandel, neue Bedarfsfelder);
- Informatik (Verständnis der Bedeutung von Informationsströmen und -hemmnissen *innerhalb* von Unternehmen und an den Schnittstellen zu den Märkten und zum sozialen und politischen Umfeld). Ableitung der organisatorischen Konsequenzen wie z.B. Aufbau flacher Hierarchien. Information wird zu einem zentralen Schlüsselbegriff und einem besonders kostbaren Betriebsmittel. Mit der Entwicklung des Produktionsfaktors Information werden Wettbewerbsvorteile in einem Unternehmen gewonnen oder verloren.
- Bedeutung der Unternehmenskultur und Verständnis ihrer Steuerbarkeit und positiven Beeinflußbarkeit.
- Systemtheorie: um das Funktionieren von komplexen und vernetzten Systemen zu begreifen und auch Fähigkeiten zu entwickeln, Komplexitäten wieder sinnvoll zu reduzieren, um Entscheidungen zu ermöglichen.
- Strategisches Denken innerhalb derartiger Systeme mit Nutzung der verbesserten Möglichkeiten der Informations- und der Kommunikationstechnik, Anwendung der Spieltheorie.
- Förderung von Kreativität.

Wer soll diese Aufgaben wahrnehmen? Welche Rolle können die Universitäten dabei übernehmen? Welche Rolle die Unternehmen selbst, was kann durch neue

Dienstleistungsangebote am Markt sinnvoll wahrgenommen werden?

Darauf habe ich eine einfache Antwort. Auch in dieser entscheidenden Aufgabe bin ich für mehr Wettbewerb und damit eher heterogene Angebote. Da, wo öffentliche Träger in ihren eigenen Strukturen ersticken, und damit meine ich auch Universitäten, begrüße ich private Aus-, Fort- und Weiterbildungsangebote. Und selbstverständlich haben die Unternehmen hier ein dankbares Feld zur Pflege und Modernisierung ihrer wichtigen „neuen Geistkapitale". Prinzipiell denke ich dabei an eine andere, die Zukunft besser berücksichtigende zeitliche Struktur von Lern- und Erfahrungsphasen. Praxis sollte meines Erachtens früher stattfinden als heute – und dafür eine häufigere „Nachbildung". Das wäre eine konsequente Antwort auf die Einsicht in strukturelle Veränderungen und die oft gehörte Forderung: „Mit dem Wandel kooperieren".

Lothar F.W. Sparberg:

Internationale Technologiemärkte

Zentrale Herausforderung an die Führungskräfte von morgen

In einer marktwirtschaftlichen Ordnung wird der technische und wirtschaftliche Wandel am frühesten vom Unternehmer wahrgenommen. Vor allem bei Entscheidungen über Investitionen ist er gezwungen, sich ein Bild von der Zukunft zu machen. Denn dort soll diese Investition ja wirksam werden. Wer den Wandel richtig interpretiert und sich entsprechend ausrichtet, besitzt einen Wettbewerbsvorteil. Auf der anderen Seite ist die Liste der Fehlinterpretationen lang, und sie beweist, daß diese nur allzuoft den Niedergang ganzer Unternehmen nach sich gezogen haben.

Zukunftsinvestitionen wurden traditionell immer verstanden als Investitionen in Produkte und in Produktionsanlagen. Dies bleibt sicher auch künftig so. In den Vordergrund geschoben hat sich aber eine zweite Komponente: die Investition in „Märkte". Gemeint sind damit die Stimulierung, Beratung, Betreuung und das Erschließen von Märkten, oder zusammenfassend ausgedrückt „Dienstleistungen". Investiert wird dabei in Software, in Infrastruktur, in Projekte, vor allem aber in Menschen und ihre Fähigkeiten.

Wer den Investitionsbegriff in diesem Sinne weit faßt, dem fällt es nicht schwer, die auch in der Vergangenheit schon wichtige Anforderung „richtig investieren" zeitgemäß formuliert auch als Ausgangspunkt für ein Profil der künftigen Führungskraft zu nehmen. Zukunftsbezogene Unternehmer von heute investieren „richtig", wenn sie in ihren Führungsnachwuchs investieren. Umgekehrt werden für die Führungskräfte von morgen bereits heute entscheidende Weichen gestellt. Diese Feststellung allein ist nicht neu. Neu ist das den Führungskräften künftig abverlangte Können. Die technischen, wirtschaftlichen und gesellschaftlichen Veränderungen führen zu dieser Anforderung. Es ist also aufzuzeigen, daß die Führungskraft von morgen aus diesen Gründen anders aussehen muß als das uns bislang vertraute Profil.

Allenthalben vermuten wir eine „neue Qualität" von Führung, die uns künftig abverlangt wird. Als entscheidend für diese neue Qualität von Führung wird angesehen, daß in diesen Jahren einige grundlegende Veränderungen in den Bedingungen des Wirtschaftens eintreten. Diese Veränderungen werden teilweise – vordergründig – außerökonomischer Natur sein. Als Beispiel könnten etwa die „Entkollektivierung" zahlreicher Lebensbereiche oder der Bedeutungsgewinn „vernetzten Denkens" genannt werden. Unmittelbar prägend für das Führungskraftprofil, das uns bis zum Jahr 2000 abverlangt wird, sind aber zunächst drei eher „harte" ökonomische Faktoren: die „Internationalisierung" der Wirtschaft, die „Technologisierung" der Wirtschaft und die „Flexibilisierung" in der Arbeitswelt. Davon ist die Wirtschaft insgesamt betroffen – Technologieproduzenten ebenso wie Dienstleister, kleine und mittlere Betriebe genauso wie Großunternehmen. Fassen wir die bisherigen Beobachtungen zusammen und rufen wir uns die Eingangsbemerkungen zum „richtig investieren" noch einmal in Erinnerung, dann können wir zunächst sagen: „Internationale Technologiemärkte" sind eine der zentralen Herausforderungen an Führungskräfte von morgen! Das Profil dieser Führungskräfte muß sich dann danach ausrichten. Insbesondere ist mehr ganzheitliches Denken gefordert.

Im folgenden soll diese Prognose näher begründet werden. Dies wird unterstützt mit Beispielen aus der Praxis eines Unternehmens, das Hersteller von Informationstechnik ist. Anschließend sollen die Antworten moderner Unternehmensführung auf die neuen Herausforderungen gegeben werden. Und abschließend wird eine Perspektive formuliert, welche umfassende Aufgabe sich der Führungskraft von morgen stellt.

1. Kennzeichen des Wandels

1.1 Technologischer Wandel

Die „Technologisierung" der Wirtschaft, also die Ausstattung mit moderner Technik und der Umgang mit ihr, wird in den nächsten Jahren noch weiter voranschreiten. Der Technikeinsatz wird dabei in zunehmendem Maße vom Endbenutzer getrieben. Er bestimmt weitgehend das Tempo und die Art des Wandels. Ein Beispiel: Bei der IBM

Deutschland ist die Zahl installierter Terminals Mitte der 80er Jahre bereits etwa gleich hoch wie die Zahl der Mitarbeiter. Über diesen Durchschnittswert hinaus ist es erklärtes Ziel des Unternehmens, jedem Mitarbeiter ein solches Arbeitsplatzgerät zur Verfügung zu stellen. Diese Absichtserklärung im Ohr, pochen viele Mitarbeiter, die noch nicht „ihr" Terminal haben, jedoch bereits heute sehr energisch auf den schnellen Besitz desselben. Der Endbenutzer ist zum Motor der „Technologisierung" geworden.

Bei einer so breiten Streuung von moderner Technik kommt es natürlich auf Benutzerfreundlichkeit an. Für die Informationstechnik – den Kern des technologischen Wandels unserer Tage – folgt daraus ein erheblicher Nachholbedarf an Software. Sie ist der eigentliche Dreh- und Angelpunkt für den Umfang und die Akzeptanz der Technologisierung. Soweit einige Gedanken zum Einfluß der Technik auf die Menschen in der Wirtschaft. Der Einfluß moderner Technik auf die Struktur der Wirtschaft ist gleichermaßen intensiv. Insbesondere die Informationstechnologie ist heute kaum mehr nur „klassisches" Investitionsgut für einen schmalen Einsatzbereich. Sie ist „Infrastruktur", ist eine „Querschnittstechnologie", trifft die Wirtschaft in ihrer ganzen Breite. Was sind die Auswirkungen?

Die Untersuchungen über die säkularen Verschiebungen zwischen den drei Wirtschaftssektoren sind bekannt: Seit langem haben wir eine schrumpfende Beschäftigung in der Landwirtschaft. Mehr und mehr tritt ihre neue Rolle als Bewahrer von Natur und Umwelt in den Vordergrund. Seit einiger Zeit – von einem natürlich wesentlich höheren Sockel aus – haben wir das gleiche Bild langfristig abnehmender Beschäftigung auch im verarbeitenden Gewerbe. Die hohe Wertschöpfungskraft dieses Sektors bleibt gleichwohl die Grundlage unserer Volkswirtschaft. Und wir registrieren einen ansehnlichen Bedeutungsgewinn des Dienstleistungssektors. Es gibt dort neue Dienste, neue Berufsbilder, mehr Beschäftigung und mehr Umsätze.

Was wir heute wissen, ist, daß der Einsatz moderner Technologien in dieser Sektorenverschiebung in mehrfacher Hinsicht wirksam ist. Er tut vor allem zweierlei: Er stabilisiert die einzelnen Sektoren in ihrer international zu messenden Bedeutung – in der Regel mit dem Effekt einer wesentlich höheren Wertschöpfung. Und zum anderen verändert er die Struktur der Tätigkeiten innerhalb der Sektoren. Vereinfacht gesagt handelt es sich dabei um eine Verschiebung weg von direkten hin zu indirekten Tätigkeiten.

Für die Führung im Unternehmen ergeben sich aus diesen Betrachtungen also mehr Technikansprüche bei den Mitarbeitern und eine starke strategische Komponente der technischen Werkzeuge im größten Teil der Volkswirtschaft, nämlich dem sekundären und tertiären Sektor.

1.2 Internationalisierung

„Internationale Wettbewerbsfähigkeit" ist zu einem viel zitierten Anspruch in Politik und Publizistik geworden. Für den Unternehmensführer hat die Medaille zwei Seiten: Technologie und Produktivität. Bei beiden Maßstäben sitzt kaum jemand mehr auf dem Ruhekissen. Stillstand bedeutet Rückschritt im Wettbewerb. Wenn diese beiden Begriffe im Zusammenhang gesehen werden, verschwindet auch der Einwand, der internationale Wettbewerb ginge zu Lasten der arbeitenden Bevölkerung. Tatsächlich treibt er aber quantitatives und qualitatives Wachstum an und nützt so allen Beteiligten. Richtig ist dagegen: Die Herausforderungen an alle berufstätigen Menschen werden vielfältiger sein, und das Können wird mehr gefordert sein. Die ausgebildete Arbeitskraft gewinnt an Bedeutung.

Technologiewettbewerb und Produktivitätswettbewerb spielen sich nicht mehr nur landes- und kontinentweit ab. Sie besitzen eine globale Perspektive.

Dazu hat nicht zuletzt die Informationstechnologie selber beigetragen. Wenn heute der schnelle und genaue Austausch von Informationen über Kontinente hinweg möglich ist, bleibt dies für das Wirtschaftsleben nicht ohne Folgen: Die Vergleichbarkeit der volkswirtschaftlichen Daten und Rahmenbedingungen nimmt zu. Das Geschäftsleben läuft rund um die Uhr. Prononciert ausgedrückt: Die „Börse Erde" hat nie zu. Und wenn die Möglichkeiten der Telekommunikation einmal in ihrer ganzen Breite greifen, wird dies auch für den einzelnen am Arbeitsplatz neue und bereichernde Erfahrungen bringen. Denken wir an die Sachbearbeiterin, welche mühelos mit ihrem Kollegen im Büro eines Geschäftspartners auf der anderen Seite des Atlantik kommuniziert.

Die globale Perspektive äußert sich vor allem aber in der Existenz globaler Märkte. Selten können die Unternehmen eines Landes heute immer die beste Leistung zum günstigsten Preis und zum richtigen Zeitpunkt für den inländischen Markt bereitstellen. Die gegenseitige Durchdringung der Volkswirtschaften nimmt also zu, die Märkte werden offener. Gerade die Informationstechnologie selber ist dafür ein gutes Beispiel. Auf dem deutschen Markt finden wir etwa 200 Anbieter von Hardware, welche in einem intensiven und facettenreichen Wettbewerb stehen.

In der Summe bedeuten diese Trends natürlich auch mehr Komplexität und damit eine schwierigere Aufgabe für die Unternehmensführungen. Internationalität und Vielfalt müssen beherrscht werden. Den Überblick zu behalten und strategisch angelegte Entscheidungen zu treffen, hat die Priorität. Ganzheitliches Denken ist in erster Linie gefordert.

1.3 Flexibilität

Eine dritte entscheidende Strömung, der sich Führung in der Zukunft gegenübersieht, ist die Flexibilisierung in der Arbeitswelt. Die neue Technik ermöglicht, sie erzwingt aber auch flexible Arbeitszeiten und eine flexible Arbeitsorganisation. Die technischen Voraussetzungen ziehen betriebswirtschaftliche und soziale Veränderungen nach sich. Oft heißt das Resultat „Flexibilisierung". Daraus sollten dann wieder weitere Konsequenzen folgen, etwa, daß sich dies auch im Arbeitsrecht niederschlagen müßte. Einige Beispiele:

- Ein Arbeitsplatz in einer modernen Halbleiterfabrik kostet heute über 500 000 DM. Dieses Anlagekapital muß wesentlich länger als heute üblich genutzt werden können. Entsprechend ist es rund um die Uhr in Betrieb zu halten.
- Der Produktzyklus wird immer kürzer, trotz der längeren Nutzung des Anlagekapitals. Dieses muß also auch vielseitig verwendungsfähig sein, was einen weiteren Aspekt von Flexibilisierung darstellt.
- Die Mitarbeiter in einem international tätigen Unternehmen sollten andere Mentalitäten verstehen und problemlos international kommunizieren können. Auslandsabordnungen sind dann eine Selbstverständlichkeit.
- In einer Zeit raschen technologischen Wandels wird man in erfolgreichen Unternehmen eine langfristige Beschäftigung erwarten dürfen, jedoch nicht denselben Arbeitsplatz ein ganzes Arbeitsleben lang einfordern wollen. Der Wechsel sollte dann als Chance und nicht als Bedrohung empfunden werden. Wechselnde Berufsbilder und wechselnde Arbeitsorte sind Vorbedingung langfristig gesicherter Beschäftigung.

Vier Beispiele, alle Zeichen des Wandels, alle Beleg für die zunehmend geforderte Flexibilität. Vor allem sind alle diese Beispiele eine Herausforderung für die Unternehmensführung. Das Erfordernis der Flexibilität muß sich in den Betrieben glaubhaft durchsetzen gegenüber Beharrungsvermögen, überkommenen kollektiven Schutzansprüchen und Trägheit.

Sie muß andererseits aber die vielen Initiativen und Ambitionen der Mitarbeiter positiv aufgreifen. Denn mehr Vielfalt und Individualität in der Bevölkerung lösen bei sehr vielen Mitarbeitern ja den Wunsch nach Flexibilisierung aus.

Dieser Trend zur Flexibilisierung ist im übrigen ein weltweites Anliegen. Aufgabengebiet und Handlungsspielraum des Unternehmers enden nicht an Ländergrenzen, wie dies schon „per definition" bei Politikern und Gewerkschaften der Fall ist. Entsprechend muß er sich mit erfolgreichen Flexibilisierungsbemühungen in anderen Ländern auseinandersetzen und Antworten darauf geben.

2. Internationale Technologiemärkte

Technologie, Internationalität und Flexibilität führen, wie bereits angesprochen, unter anderem auf eine zentrale Herausforderung für moderne Führung zu: internationale Technologiemärkte.

Werfen wir im folgenden einen kurzen Blick auf diese internationalen Technologiemärkte. Was können wir erwarten?

Erstens wird der Wettbewerb in den kommenden Jahren sicher noch stärker werden. Dies gilt unter zwei Aspekten: In allen wichtigen Ländermärkten werden die weltweit führenden Anbieter immer vertreten sein wollen. Und durch das Zusammenwachsen von ehemals „klassischer" Datenverarbeitung und Nachrichtentechnik sind jetzt alle Wettbewerber in einem gemeinsamen Markt. Durch diese Konvergenz sind im übrigen die neueren Entwicklungen der Telekommunikation, wie etwa Btx, entstanden. Angesichts des hohen Innovationspotentials, welches in der Telekommunikation steckt, darf man für einen bestimmten Zeitraum sicher auch noch völlig neue Anbieter und Hersteller erwarten. Wichtig ist jedoch vor allem, daß Unternehmen, die bisher alleine in ihrem eigenen, begrenzten Marktsegment aufgetreten waren, nun am Gesamt-Markt für Informationstechnologie teilhaben können. Durch den Austausch der vorhandenen Informationen ist ein nahezu gleicher Wissensstand gegeben. Die Frage ist dann, welches Unternehmen den „added value", also den besonderen Wert und Nutzen seiner Produkte und Dienstleistungen, am besten deutlich machen kann. Insgesamt ähnliche Effekte dürfen sich in Zukunft auch rund um die Biotechnik ergeben.

Ein zweiter flankierender Trend liegt in dem Bemühen um Zusammenarbeit. Einem einzelnen Unternehmen wird es in Zukunft kaum noch möglich sein, die ganze Breite der technologischen Möglichkeiten allein entwicklungsmäßig abzudecken. Es wird deshalb künftig auf internationaler Ebene immer mehr Zusammenarbeit geben – sowohl langfristig als auch temporär und egal welcher Art: Kooperation, Konsortien, Beteiligungen, Joint Ventures etc. Gefragt sind Know how und Kapital. Die Liste der Beispiele ist heute schon lang und mit den Namen bekannter Firmen beschrieben.

Schließlich finden wir drittens ein nicht unerhebliches strukturelles Merkmal der internationalen Technologiemärkte darin, daß in diesen Jahren ganz neue Herstellerländer auf den Plan treten und sich überdies auch die Marktstärke der traditionellen Herstellerländer untereinander verschiebt. Ersteres ist heute am Beispiel einiger Schwellenländer zu beobachten, welche zum Beispiel als Einstieg in die informationstechnische Branche die Herstellung von Halbleitern – einem unentbehrlichen Grundelement aller Geräte – gewählt haben. Die letztere Beobachtung wurde in der jüngsten Vergangenheit ja intensiv diskutiert: die Vermutung, daß durch die unterschiedliche technologische Stärke sich im Verhältnis der drei großen Wirtschaftsregionen des Westens die Waage zugunsten der USA und Japans geneigt habe. Eine Vermutung, der zwischenzeitlich zurecht die Aufgeregtheit genommen wurde. Tatsächlich bleibt aber die Herausforderung, daß die europäischen Länder gegen große Volkswirtschaften bestehen müssen, welche in sich sehr homogen sind. Auf einem großen Markt gibt es dort dieselbe Sprache, einheitliche Gesetze, einheitliche Währung, verbindende kulturelle Leitlinien etc. Europa wird dies ausgleichen müssen durch Integration und Innovation. Es wird also den europäischen Binnenmarkt anstreben müssen, ebenso wie es den Erfindungsreichtum seiner Forscher pflegen sollte.

Zum Gedankengang der Länderstrukturen gehört schließlich auch, daß nicht nur auf der Angebots-, sondern auch auf der Nachfrageseite Bewegung zwischen den einzelnen Volkswirtschaften zu erwarten ist. Bemerkt sei hierzu nur, daß die Informationstechnik auch ein nicht unerhebliches Potential für die Entwicklungsländer darstellt. Bessere Möglichkeiten der Schulung oder das Überwinden von unwegsamen Distanzen sind etwa Anwendungsbeispiele, die bald gängige Praxis sein könnten.

3. Antworten durch Unternehmensführung

3.1 Technikeinsatz

Die Technik am Arbeitsplatz ist Werkzeug, die Techniknetze über das Land sind Infrastruktur. Das Hauptanliegen unternehmerischer Führung sollte dann darin liegen, den immer noch vorhandenen Mythos der neuen Technologie, der sich oft genug als Distanz äußert, abzubauen. Dazu gehört übrigens auch, daß man ein Beispiel gibt. In allzuvielen Firmen endet der Einsatz von Informationstechnik noch an der Tür des Chefzimmers. Nur wer jedoch gelernt hat, sich der neuen Technik als eines selbstverständlichen Werkzeugs zu bedienen, und dies auch nach außen sichtbar macht, kann dies glaubhaft auch von seinen Mitarbeitern verlangen. Nur so wird er schließlich auch Befürchtungen nehmen können, die bei der Einführung von Informationstechnik ja durchaus immer wieder auftreten können.

Dazu muß kommen, daß die Beschäftigten frühzeitig mit in die Veränderungen einbezogen werden. In der Produktion der IBM Deutschland hat man sehr positive Erfahrungen damit gemacht, daß die Mitarbeiter mit dem Bau von neuen Automaten gewissermaßen „groß geworden" sind. So konnten eigene Ideen und Anforderungen eingebracht werden. Wenn man den Mitarbeiter nur mit den neuen Maschinen konfrontiert, wird er sich vor allem mit der Frage beschäftigen, warum das nie und nimmer klappen kann. Vom Abteilungsleiter bis zum Firmenchef stellt sich diese Heranführung an die Technik als Führungsaufgabe dar.

3.2 Dezentralisierung

Eine der herausragenden Folgen moderner Technik liegt in der Dezentralisierung. Der Personal Computer ist gewissermaßen das Symbol dieser Entwicklung. Die Vernetzung, der große Technikschub der kommenden Jahre, wird diese vielen dezentralen Einheiten untereinander fast unbeschränkt kommunikationsfähig machen.

Fast gleichzeitig mit den technischen Phänomenen Dezentralisierung und Vernetzung erleben wir auch in den gesellschaftlichen Strukturen eine Drift von der großen zur kleinen Einheit, vom Kollektiv zum Individuum.

Der einzelne erhebt mehr Anspruch auf Durchblick und Teilhabe am Unternehmensgeschehen. Führung, die sich lediglich durch den Besitz exklusiver Informationen und hierarchischer Privilegien legitimiert, wird von ihm kaum mehr wirklich anerkannt.

Eine Unternehmensführung, welche die technisch möglichen Spielräume mit den gesellschaftlichen Veränderungen zusammenbringen will, sollte deshalb auch organisatorische Dezentralisierung im Unternehmen durchsetzen. Ein Beispiel: Das Unternehmen, welches sein Geschäft in mehrere selbständig operierende Geschäftsfelder aufteilt, wird viel mehr unternehmerische Begabung und Verantwortung entfalten können, als dies bei einem zentralistischen Modell der Fall wäre – zum Nutzen der Mitarbeiter und des Gesamtunternehmens. Dezentralisierung wird damit also gleichermaßen zur Antwort auf die technischen Möglichkeiten, den komplexer werdenden Markt und die veränderten gesellschaftlichen Werte.

3.3 Weiterbildung

Technischer und gesellschaftlicher Wandel können nur mit einer in der ganzen Breite besser ausgebildeten Mitarbeiterschaft wirklich bewältigt werden. Der Qualifizierungsengpaß der 80er Jahre rückt dabei zwangsläufig die Weiterbildung stark ins Blickfeld. Denn die Unternehmen müssen die notwendigen Fachkräfte in großer Zahl selbst entwickeln, weil Hochschulen und Schulen über Jahre hinweg die künftigen Anforderungen kaum erkannt haben. Weiterbildung bleibt aber auch prinzipiell wichtig: In einer Zeit raschen Wandels veraltet einmal erworbenes Wissen schnell, wenn es nicht immer wieder erneuert und aufgefrischt wird. In der IBM Deutschland beispielsweise erhält jeder Mitarbeiter im Jahr durchschnittlich 11 Tage Schulung.

Das generelle Anforderungsprofil wandelt sich aber: Gefordert ist der Generalist, der sich mehrmals in seinem Berufsleben spezialisiert. In den Vordergrund drängen deswegen Eigenschaften wie Überzeugungsfähigkeit, Entschlußkraft und Teamverhalten. Es ist eine wichtige Führungsaufgabe, die Veränderungen der Qualifikationen dem Mitarbeiter so nahe zu bringen, daß er sie als persönliche Chance und nicht als Zwang empfindet. Konkret gesagt: Wer Lernleistung fordert, muß denen, die er fordert, auch Perspektiven bieten. Und es ist eine wichtige Führungsaufgabe, Ausgaben für Bildung im Unternehmen nicht unter „Kosten", sondern unter „Investitionen" aufzuführen.

3.4 Unternehmenskultur

Das Bekenntnis zur Weiterbildung ist immer auch ein Hinweis auf eine lebendige Unternehmenskultur. Dieses Schlagwort wird heute mehr und mehr zu den Erfolgsfaktoren für erfolgreiche Unternehmen gezählt. Unternehmensführung kann hier viel wachsen lassen, aber auch viel durch demotivierende Entscheidungen zerstören.

Der Grundgedanke: Ein Unternehmen ist heute nicht mehr nur eine Organisation zur Produktion materieller Güter und Dienstleistungen. Es ist auch ein „gesellschaftliches Kraftfeld", das durch bestimmte Werte zusammengehalten wird und dieses auch nach außen weitergibt. Die „Basic Beliefs" der IBM sind mittlerweile fast Legende. Entscheidend für ihren wichtigen Beitrag zum Unternehmenserfolg war, daß sie bis heute zeitgemäß interpretiert wurden.

Führung heißt heute, das Unternehmen gegenüber dem gesellschaftlichen Wertewandel offenzuhalten, interne und externe Kommunikation zu fördern, Kunden und Lieferanten in das Unternehmensgeschehen miteinzubeziehen. Eine „gemeinsame Sprache", ohne Verlust an Vielfalt, ist gefordert. Es ist immer wieder beeindruckend, wie sich IBM-Mitarbeiter wie selbstverständlich über Grenzen hinweg verständigen.

3.5 Gesellschaftliches Umfeld

Wenn das Unternehmen sich mitsamt seiner Unternehmenskultur nicht gegenüber seiner Umwelt abschotten soll, dann ist auch der Wunsch da, dieses gesellschaftliche Umfeld mitzugestalten: eine zentrale Führungsaufgabe. Denn die Unternehmensleitung kann sich heute nicht mehr auf die innerbetrieblichen Aufgaben allein konzentrieren. Der Unternehmenserfolg hängt in zunehmendem Maße von einer überzeugenden Präsenz in Wirtschaft und Gesellschaft ab. Für die Unternehmensführung bedeutet dies mehr Sensibilität, mehr Verantwortung, sicher auch ein höheres Risiko.

Präsenz heißt zunächst Dialog. Es war ermutigend und erfrischend, wie positiv die Resonanz war, als die IBM Deutschland stärker auf die Hochschulen des Landes zuging. Allein die Bereitschaft zum persönlichen Gespräch, zur Weitergabe von Industrieerfahrung, baute Vorurteile und Mißverständnisse ab.

Auf den Dialog baut die Orientierung auf. Wer im Gespräch überzeugt, wird seine Position schnell als Richtschnur für das Handeln anderer wiederfinden. Unternehmen sollten vor dieser Orientierung nicht zurückschrecken. Ihre Rolle im demokratischen Staat muß ja gerade auch darin bestehen, am Wettbewerb über die besten Zukunftsentwürfe für unser Land teilzunehmen.

4. Die Perspektive: Integration

Wenn wir uns den Erfordernissen Technologie, Internationalisierung und Flexibilisierung rechtzeitig und aufgeschlossen stellen, wenn wir die Antworten von Technikeinsatz bis zum Dialog mit der Gesellschaft klar geben, dann wird Führung viel zum dauerhaften wirtschaftlichen Erfolg der westlichen Industriegesellschaften beitragen.

Die Leistungsfähigkeit unseres Landes ist gegeben. Die Veränderungsbereitschaft unserer Bürger und unseres Gemeinwesens muß noch stärker entwickelt werden.

Dazu ist Orientierung gefordert, und vielleicht sollten wir alle einmal auch wieder Mut zu Visionen haben. Dies wird um so leichter geschehen, je mehrdimensionaler auch Unternehmen denken. Damit drängt sich ein Begriff auf, der in den bisherigen Ausführungen schon immer im Hintergrund mitschwang: Integration. Von der Führungspersönlichkeit der Zukunft ist vor allem eine starke Integrationskraft gefordert. Dazu muß sie in Zusammenhängen denken können. Eine wichtige Hilfe könnte für sie oder ihn dabei sein, daß geisteswissenschaftliche und naturwissenschaftliche Erkenntnisse wieder mehr zusammengeführt und für das technisch-wirtschaftliche Handeln nutzbar gemacht werden.

Viele Verantwortliche in Wirtschaft und Gesellschaft beklagen heute diesen Mangel an ‚vernetztem Denken'. Tatsächlich sollten die durch den technologischen Wandel angestoßenen wirtschaftlichen und gesellschaftlichen Veränderungen als Chance begriffen werden wieder den ‚Blick für das Ganze' zu bekommen oder ganzheitliches Denken zu praktizieren. Letztlich legitimiert und ergibt sich daraus Führung. Dies ist die Perspektive der kommenden Jahre.

Kurt H. Körber:

Vom Erfolg zur Verpflichtung

Erfolgskriterien eines Eigentümer-Unternehmers

Unter den vielen Voraussetzungen, die man braucht, um ein erfolgreicher Unternehmer zu werden, möchte ich nur diejenigen beschreiben, die zu meiner eigenen Geschichte, die zu der Geschichte meiner eigenen Unternehmensgründung gehören. Unternehmer kann man werden, indem man ein Unternehmen gründet, indem man ein Unternehmen erbt oder indem man von den Eigentümern eines Unternehmens zu dessen Führung bestellt wird. Der Weg der eigenen Unternehmensgründung ist wahrscheinlich der schwierigste, zugleich auch derjenige, der am meisten Befriedigung und, wenn man es richtig macht, auch am meisten Ertrag verschafft. Über das, was hierbei richtig oder falsch ist, gibt es allerdings keine wirklich zutreffenden, allgemeingültigen Lehrsätze, sondern nur sehr auf die Person des Unternehmensgründers und die Zeitumstände der Unternehmensgründung zugeschnittene Bedingungen, die zum Erfolg führen.

Beim Aufbau meines Unternehmens war ich mir über einige grundsätzliche Entscheidungen, die sozusagen zu den unerläßlichen Basisentscheidungen gehören, sehr bald im klaren. Durch Veranlagung, Ausbildung und Erfahrung war das industrielle Produkt vorgegeben, dem ich mich mit meinem Unternehmen zuwenden wollte, und damit wurden auch einige andere Fragen, wie Standort des Unternehmens, Marktfragen und Fragen nach der mehr äußerlichen Struktur, beantwortet. Ich wußte aber, daß noch mehr und Wesentlicheres dazukommen mußte, um mich gegenüber den vorhandenen und zukünftigen Konkurrenten zumindest behaupten zu können, noch lieber aber, sie zu übertrumpfen.

Unabhängigkeit

Als erstes machte ich mir klar, daß man den beträchtlichen Handlungsfreiraum, den man als Unternehmer im eigenen Hause genießt, sich nicht von Betriebsfremden einschränken lassen darf. „Herr im Hause" ist man a priori bei der Gründung eines Unternehmens, man sollte es bei seinem Weg in die Zukunft aber auch bleiben. Als Konsequenz daraus habe ich es von Anfang an vermieden, mit Fremdkapital zu arbeiten. Nur so war es möglich, unabhängig von den Fremdbestimmungen durch Kreditgeber zu bleiben. Der Anreiz, mit eigenen Ersparnissen unabhängig zu bleiben, das heißt einerseits, riskanter zu leben, aber andererseits, die Chance zu haben, mehr zu verdienen, bewirkt die

Suche nach Marktlücken, stimuliert die Erfindungsgabe und löst zusätzliche Produktionsimpulse aus, die der Volkswirtschaft zugute kommen.

Bis auf den heutigen Tag habe ich dieses Prinzip beibehalten können, obwohl es in der Geschichte der Hauni-Werke, die ich vor 40 Jahren gründete, oft genug Situationen gab, wo ich vor der Versuchung des bequemeren Wegs der Kreditaufnahme bei Banken oder auch bei potenten Kunden stand.

Bei Unternehmen, die diesen Weg gehen und bei denen sich das Unternehmen in der Familie von Generation zu Generation forterbt, lassen sich im allgemeinen vier Phasen feststellen.

1. Phase: In der ersten Generation ist die Leistung des Gründers gut, aber häufig der Ertrag des Betriebes noch schwach.

2. Phase: In der zweiten Generation ist dann gewöhnlich beides, die Leistung und der Ertrag, gut. Der Sohn ist noch in der kargen Zeit der Gründung herangewachsen, er weiß hauszuhalten und ist in persönlichen Dingen sparsam. Er erweitert den Betrieb und den Absatzmarkt. Schlicht, es ist in aller Regel in der zweiten Generation geschafft.

3. Phase: Dann kommt die meistens gefährdete dritte Generation. Der Enkel findet ein ertragreiches Unternehmen vor. Während sein Vater noch miterlebte, wie sich der Großvater abrackerte und mühsam seine Position erkämpfte, fällt dem Dritten das Unternehmen ohne sein Zutun in den Schoß.

Die dritte Generation weicht auch häufig von der ausschließlichen Unternehmensführung ab und wendet sich zusätzlich ganz anderen persönlichen Interessensgebieten zu. Die Folge ist: Im Unternehmen läßt die Leistung nach, was aber zunächst noch keine Auswirkung zeigt, da in der dritten Phase der Ertrag meistens noch gut ist. Ganz deutlich ist aber eine Phasenverschiebung zwischen Leistung und Ertrag festzustellen.

4. Phase: In der vierten Generation ist vielfach zu beobachten, daß sich die Ertragskurve der sinkenden Leistungskurve anpaßt. Das Unternehmen kommt in Schwierigkeiten.

Häufig wachsen Familienunternehmen auch in neue Dimensionen hinein. Das geht allmählich vor sich, aber irgendwann von einer bestimmten Größe an – nach Branchen unterschiedlich – wird aus einem Privatunternehmen plötzlich eine Institution von öffentlicher Bedeutung, auch wenn keinerlei Veränderung im Eigentum am Unternehmen eintritt.

Eines der wichtigsten Kriterien für das Überschreiten der „kritischen Schwelle", in der man aufhört, Privatunternehmer zu sein, ist also der Moment, in dem man nicht mehr mit eigenen Mitteln wirtschaften kann.

Da nun unser Gesellschaftssystem auf die Rolle des privaten Unternehmers nicht verzichten darf und kann, auf die Rolle, die er als Initiator mit seiner dynamischen Kraft für die Innovation in unserer Wirtschaft und damit Gesellschaft spielt, ist zu fragen, was geschehen muß, um das Privat-Unternehmertum in Zukunft nicht nur im Bereich der kleinen Handwerksbetriebe anzutreffen.

Wenn man wegen unvermeidlicher Sachzwänge neues, zusätzliches Kapital aufnehmen muß, so sollte man sich nicht auf die Hereinnahme eines oder weniger Partner beschränken, sondern man sollte vielmehr eine breitgestreute

Kapitalzufuhr durch Umwandlung des Unternehmens in eine börseneingeführte Aktiengesellschaft anstreben. Breitgestreutes Kapital garantiert am ehesten das Überleben in Zeiten der Stagnation oder Rezession.

Erfolg durch Schnelligkeit

Mein zweites Erfolgsrezept lautet: Schneller sein als die Konkurrenz. Bei dessen Formulierung bin ich davon ausgegangen, daß es das Schicksal sicher nicht so gut mit mir meint, daß es nur mir hervorragende Mitarbeiter zuführt und allen meinen Konkurrenten nicht. Ich wollte also den guten Leistungen, die ich bei meinen Konkurrenten voraussetzen mußte, außer der eigenen guten Leistung etwas Zusätzliches entgegenstellen. Ich habe Schnelligkeit daher zu einem der obersten Prinzipien in meinem Unternehmen gemacht; und ich habe mich dabei nicht darauf beschränkt, etwa nur in der Entwicklung schnell zu sein. Ich wollte buchstäblich in allem schnell sein. Das ist ein sehr mühsames Prinzip, weil es jeden Tag von neuem die unbedingte Hingabe an dieses Prinzip, und das heißt jeden Tag wieder neu die Hingabe aller Mitarbeiter bedeutet, die dazu motiviert werden müssen.

Den Segen der Schnelligkeit habe ich übrigens schon bei meinem allerersten „Unternehmen" erfahren: Als vierzehnjähriger Schüler war ich leidenschaftlicher Radiobastler. Diese Liebhaberei griff damals sehr weit um sich, so daß sich die Reichspost sehr bald zu einem Verbot für den Bau von Rundfunkgeräten veranlaßt sah, solange der Erbauer nicht über eine Lizenz verfügte, die ihm nach einer staatlichen Prüfung ausgehändigt wurde. Ich absolvierte mit vielen, zumeist erheblich älteren Mitbewerbern daraufhin pflichtschuldigst den erforderlichen Kurs und erwarb auch die Lizenz. Dann aber, noch ehe die zunächst kleine Zahl der Lizenzinhaber zu einer großen Masse angeschwollen war, nutzte ich die Bauerlaubnis kommerziell aus. Ich stellte zwei pensionierte Reichsbahnbeamte als Facharbeiter ein, die nach meinen Ideen in großen Stückzahlen Rundfunkgeräte bauten, während ich selbst die Schulbank drücken mußte. Als später die Konkurrenz auf diesem Gebiet übermächtig wurde und ein Mini-Unternehmen wie das meine keine Überlebenschancen mehr hatte, war ich mit den angesammelten Gewinnen in der Lage, zusammen mit dem elterlichen Taschengeld mir ein solides Studium der Elektrotechnik zu leisten.

Wenn ich heute in meiner weitverzweigten Unternehmenskette Schnelligkeit als oberstes Führungsprinzip befolge und von meinen Mitarbeitern verlange, dann selbstverständlich in erster Linie in den Bereichen Forschung, Entwicklung und Konstruktion. Die Innovationszeiten auf fast allen technischen Gebieten sind sehr kurz geworden. Nur wer sich durch den Erfolg eines technischen Produkts nicht zur Ruhe verführen läßt, sondern mit sämtlichen zur Verfügung stehenden Mitteln das fortschrittlichere und bessere Nachfolgeprodukt anstrebt, ist in der Lage, die kurzen Innovationszeiten zum Mitstreiter gegen die Konkurrenz zu machen. Als Hersteller von Produktionsmitteln für viele sehr unterschiedliche Konsumgüter verkaufe ich meinen Kunden nicht nur Maschinen, sondern Produktionsmöglichkeiten. Die Kunden, die ihre eigenen Chancen erkennen, mit rationellen, hochwertigen, modernen Produktionsmitteln ihrerseits eine starke Position im Konkurrenzfeld aufbauen zu können, sind dann auch bereit, den angemessenen Preis zum Erwerb solcher Maschinen und Anlagen zu bezahlen.

Kreatives Handeln

Ich bin damit bei dem dritten Element, das mich als Leitbild durch mein Unternehmerleben begleitet hat: Ich habe mir immer die Fähigkeit und die äußeren Voraussetzungen zu kreativem Handeln bewahrt. Sobald man erkannt hat, daß an erster Stelle der Erfolgskriterien für ein Industrieprodukt die technische Qualität des Produkts steht, muß man konsequenterweise den Schwerpunkt des eigenen Handelns auf die Bereiche legen, in denen diese Qualität entsteht. Und folgerichtig habe ich mich in den Versuchswerkstätten, in den Laboratorien und in den Konstruktionssälen meines Unternehmens weitaus häufiger sehen lassen als in allen übrigen Bereichen. Auf diese Weise habe ich dank der mir angeborenen technischen Begabung nicht nur manchen Entwicklungsgedanken selber fassen und seine Durchführung definieren können, sondern es ist mir dabei auch noch die Schaffung zweier weiterer Vorteile gelungen: Zum einen war ich durch die direkte Beschäftigung mit den akuten Entwicklungsproblemen in der Lage, immer sehr frühzeitig technische Hochbegabung festzustellen, die ich dann durch rechtzeitige und umfassende Förderung für das Unternehmen nutzen konnte.

Der zweite Vorteil war vielleicht noch wichtiger. Indem ich so nahe und intensiv mit meinen Produkten lebte, war ich in der Lage, die wichtige Folgekette: Produktgestaltung – Marktresonanz – Produktverbesserung in sehr viel kürzerer Zeit zu durchlaufen als die meisten meiner Konkurrenten.

Und da ich hiermit wieder bei dem Prinzip Schnelligkeit angelangt bin, möchte ich gleich noch etwas hinzufügen, was ebenfalls zu den Bausteinen meines Erfolges gehörte. Was mit viel Genialität erdacht war, mit großer Schnelligkeit reif gemacht wurde und nun auf Jahre hinaus als marktüberlegenes Produkt Überleben und Erfolg des Unternehmens sichern sollte, war ein Schatz, der gehütet werden mußte. Nicht nur dem fertigen Produkt, sondern auch allen entscheidenden Zwischenschritten, die dahin führten, mußte jede erdenkliche Art von Schutz gewährt werden. Hierzu zählt in erster Linie der Schutz durch Patente. Mit voller Absicht residiert in meinem Unternehmen die Patentabteilung räumlich unmittelbar neben der Entwicklungs- und Konstruktionsabteilung. Jeder Angehörige der Hauni-Werke, der mit Entwicklung oder Konstruktion beauftragt ist, hat gleichzeitig den Dauerauftrag, bei jeder glücklich gelösten Aufgabe mit seinem Patentberater über die Möglichkeiten eines Patentschutzes zu diskutieren. Er braucht dazu keine fremde, ihm ungewohnte Welt aufzusuchen, sondern der gewöhnliche Ablauf sieht so aus, daß der Patentsachbearbeiter nach einem entsprechenden Telefonanruf in kürzester Zeit am Brett des Konstrukteurs oder am Versuchsaufbau des Entwicklungsingenieurs steht, um mit seiner Arbeit beginnen zu können. Und sehr häufig hatten die betreffenden Mitarbeiter das befriedigende Erlebnis, das ja auch nur auf diesem Gebiet so deutlich möglich ist, daß ihnen bei der Patenterteilung der Erfolg ihrer Schnelligkeit durch ein entsprechendes Prioritätsdatum, das machmal nur wenige Tage vor einem Konkurrenzpatent lag, bestätigt wurde.

Die Verbindung dieser drei Erfolgselemente – Unabhängigkeit, Schnelligkeit, Kreativität – ist keine Kreislinie, sondern ein Netzwerk, bei dem jedes Element mit jedem anderen verbunden ist. Eines muß die anderen stützen, ergänzen und damit deren Wirksamkeit vervielfachen. Alles das scheint mir unerläßlich zu sein, um ein Unternehmen in einer Zeit, die dem Unternehmertum nicht mehr so freundlich gesonnen ist wie in früheren Jahrhunderten, dennoch auf Erfolgskurs halten zu können.

Verbindungen nach außen

Zu dieser beschriebenen Innenwelt des Unternehmens kommt aber auch eine Außenwelt hinzu, nämlich unsere gesamte Umwelt und unsere Gesellschaftsordnung, innerhalb derer das Unternehmen lebt. Auch zu dieser Außenwelt müssen wohldurchdachte Verbindungen hergestellt werden. Ich möchte das Grundprinzip dieser Verbindungen durch den Gedanken kennzeichnen, der als Artikel 14 im Grundgesetz der Bundesrepublik Deutschland formuliert ist: „Eigentum verpflichtet. Sein Gebrauch soll zugleich dem Wohle der Allgemeinheit dienen."

Hieraus erwachsen für den Unternehmer Aufgaben, die grundsätzlich anderer Natur sind als seine Aufgaben im Inneren des Unternehmens. Die unternehmenseigenen Aufgaben sind durch den Zwang zur Ökonomie bestimmt, die Aufgaben nach außen durch moralische und ideelle Verpflichtungen. Technik in den verschiedensten Anwendungsformen – bis hin zur Automation und Kybernetik – muß in den Entscheidungsraum des Unternehmers genauso einbezogen werden wie die sozialpolitischen, konjunktur- und steuerpolitischen Maßnahmen des Staates und die Ergebnisse verbandspolitischer Auseinandersetzungen, beispielsweise zwischen den Sozialpartnern. Der freie Entscheidungsspielraum wird also durch

1. staatliche Maßnahmen
2. gesellschaftliche Forderungen und Entwicklungen
3. wirtschaftliche Fakten
4. wissenschaftlich-technische Notwendigkeiten

eingeengt.

Aus diesen Gegebenheiten erklärt sich die eigentümliche Struktur unserer freien und sozialen Marktwirtschaft. Diesem Ordnungssystem liegt als konstitutives Prinzip die freie Entscheidung des einzelnen als Voraussetzung für jegliche Initiativentfaltung zugrunde; mit ihr steht und fällt das System.

Es handelt sich dabei um ein geschlossenes System. Ich verstehe das so, daß die Gesellschaftsordnung, das freiheitlich-demokratische Herrschaftsprinzip und die Wirtschaftsstruktur die Voraussetzungen und Lebensbedingungen für ein erfolgreiches Wirken als Unternehmer zur Verfügung stellen. Sie sind für sich allein genommen zwar noch keine Garantie für den Erfolg, aber sie sind notwendige Voraussetzungen. Daraus entsteht das Bündel an moralischen Verpflichtungen, die der Unternehmer der Gesellschaft gegenüber eingeht, wenn er mit seinen Mitarbeitern und seinem Unternehmen Werte schafft. Die Anerkennung dieser Verpflichtungen rechtfertigt aber auch den Anspruch auf ein zureichendes Verständnis der Gesellschaft für das Unternehmertum. Sie muß sich der Dynamik, die der Unternehmer in Gang gesetzt hat, verpflichtet fühlen. Der Staat muß erkennen, wo er den Operationsraum des Unternehmers einengt, wo unvermeidliche, aber auch vermeidbare Tendenzen liegen, wo also unternehmerische Persönlichkeiten stärker als bisher eingeschaltet werden müßten. Der Unternehmer muß erkennen, daß er in Verbindung mit Wissenschaft und Technik ein industrielles System geschaffen hat, das den Menschen in nie gekannter Weise herausfordert. Er hat in ungeheurer Weise Produktionsmittel und Konsumgüter mobilisiert. Warum sollte er nicht auch die Mittel mobilisieren können, die den Menschen befähigen, diesem System, dieser Gesellschaft, diesem Staat gerecht zu werden? Wäre eine solche Kapitalbildung nicht eine Antwort, und zwar für die Zukunft?

Wilfried Guth:

Macht und Verantwortung

Zur politischen Aufgabe des Unternehmers[7)]

Die Summe der Unternehmensentscheidungen, der Unternehmenserfolge oder -mißerfolge bestimmt die Entwicklung der Volkswirtschaft und setzt damit wesentliche Daten, auch für das politische Geschehen. Daß hieraus ein hohes Maß an Verantwortung und Verpflichtung gegenüber allen Bürgern resultiert, bedarf keiner weiteren Erläuterung. Die Erfüllung dieser Pflichten und die dafür erforderliche hohe unternehmerische Leistung werden allseits als selbstverständlich vorausgesetzt, Versagen ihnen gegenüber wird unbarmherzig an den Pranger gestellt – das ist die harte Schule der marktwirtschaftlichen Ordnung.

Eine Verantwortung besonderer Art, die genauso selbstverständlich ist, besteht gegenüber den Mitarbeitern. Wer sich vor Augen hält, daß in den Unternehmen Lebensschicksal und Wohlstand von vielen Menschen und ihren

Familien von kluger und richtiger Führung abhängen, kann das Gewicht dieser Treuepflicht leicht ermessen. Oberste gesellschaftliche Pflicht des Unternehmers ist es also, sein Unternehmen intakt zu halten – und das heißt auch, ausreichende Gewinne zu erzielen.

Erfolgreiche Unternehmensführung ist nur in einem gesicherten und freien wirtschaftlichen und sozialen Umfeld möglich, oder zumindest wird sie bei Fehlen dieser Grundvoraussetzungen außerordentlich erschwert. Für letzteres gibt es – leider – unzählige Beispiele, unter denen die nicht enden wollenden wirtschaftlichen Schwierigkeiten der Planwirtschaften des Ostblocks nur die alleroffenkundigsten sind. Daraus folgt zwangsläufig, daß sich der verantwortungsbewußte Unternehmer um das wirtschafts- und sozialpolitische Umfeld kümmern muß – wohlgemerkt „kümmern muß" und nicht „kümmern darf". Es geht hier also nicht um besondere unternehmerische Rechte, sondern um Pflichten.

Jeder Unternehmenschef, der für sein Unternehmen vor die Öffentlichkeit tritt, verkörpert gleichzeitig immer auch die gesamte Unternehmerschaft und prägt ihr Image mit. Das verlangt ihm zusätzliche Verantwortung ab; vor allem darf er sich nicht dem Vorwurf aussetzen, daß Worte und Taten auseinanderklaffen. Wer auf der einen Seite für mehr Marktwirtschaft eintritt, auf der anderen aber für sich selbst Subventionen oder Zollschutz fordert oder der Kartellgesetzgebung auszuweichen sucht und marktbeherrschende Positionen anstrebt, läuft Gefahr, sich selbst und die Unternehmer im allgemeinen unglaubwürdig zu machen.

Es geht also um Glaubwürdigkeit, Vertrauenswerbung und Aufklärung. Angesichts des verzerrten Bildes, das weite Teile der Öffentlichkeit vielfach von der unternehmerischen Wirtschaft, nicht zuletzt auch von der Höhe der Gewinne, vermittelt bekommen haben, ist gerade letzteres dringend vonnöten. Dabei versteht sich von selbst, daß diese Vermittlung von Sinn und Geist des Unternehmertums in einer freien Wirtschaft um so fruchtbarer und erfolgreicher sein wird, je mehr seine Repräsentanten in der Lage sind, Vertrauen und Verantwortungsbewußtsein auszustrahlen. Dazu gehört auch, sich bewußt den Kritikern zu stellen und ihnen mit Gelassenheit – möglichst auch mit Humor – Rede und Antwort zu stehen oder auch „paroli zu bieten".

Das führt unmittelbar zu der Frage, die in der öffentlichen Erörterung unseres Themas eine besondere Rolle spielt: der nach der – vermeintlichen oder wirklichen – Macht der Unternehmer und der Unternehmen. Hier wimmelt es in der Diskussion von Mißverständnissen und Verzerrungen; es heißt also vor allem, den Nebel der Schlagworte zu durchstoßen und möglichst genau zu sagen, worum es wirklich geht. Worin besteht diese Macht und wie wird sie ausgeübt? Im Grunde läßt sich von „Macht" nur sprechen bei der Wahrnehmung der Hauptaufgabe jedes Unternehmers: den Kurs seines Unternehmens zu bestimmen und es durch alle Fährnisse zu steuern, damit Arbeitsplätze zu sichern und möglichst neue zu schaffen. Das beinhaltet, besonders wenn man an die großen Unternehmen denkt, sogar sehr viel Macht und deshalb auch sehr große Verantwortung, für viele Menschen und für die allgemeine Wirtschaftsentwicklung.

Es ist keine Zeit mehr für die „grauen Eminenzen"

Auf diese Verknüpfung kommt es entscheidend an; Macht und Verantwortung sind in jedem geordneten Gemeinwesen siamesische Zwillinge. Dementsprechend hat der Unternehmer ständig Rechenschaft abzulegen, vor dem Aufsichtsrat, der Hauptversammlung und nicht zuletzt auch vor einer unerbittlich informationsbegierigen Öffentlichkeit. Diese Macht ist also vielfältig kontrolliert, und ihre Ausübung ist transparent. Wer sie nicht zum Wohle vieler zu nutzen in der Lage ist, wer unternehmerisch versagt, der wird sie früher oder später verlieren. Dafür sorgt vor allem der Wettbewerb, dieser wichtigste Machtkontrolleur oder, wie es Franz Böhm ausgedrückt hat, „dieses genialste Entmachtungsinstrument der Geschichte".

Macht und Größe, die zur Marktbeherrschung, also zur Ausschaltung dieses Wettbewerbs führen können, stehen daher zu Recht im kritischen Scheinwerferlicht öffentlichen Interesses. Deshalb gehört die Kartellgesetzgebung untrennbar zum Ordnungsrahmen der sozialen Marktwirtschaft. Zur gesellschaftspolitischen Verantwortung gerade der großen Unternehmen gehört es, diese Gesetzgebung nicht nur dem Buchstaben, sondern auch dem Geiste nach zu respektieren. Das gilt in besonderem Maße auch für die Banken, denen von den Kritikern oft unterstellt wird, sie würden durch Dispositionen mit ihrem Beteiligungsbesitz zur Entstehung von Marktmacht beitragen. Ob wir es mögen oder nicht, Größe ist nun einmal primär eher suspekt und verpflichtet daher besonders zu Transparenz und marktwirtschaftlichem Verhalten. Genauso deutlich sollte aber gesagt werden, daß es leichtfertig und ungerecht ist,

Größe schon per se mit änderungsbedürftiger Marktmacht gleichzusetzen.

Es bleibt der Aspekt der Macht zu erörtern, der diesen Namen nicht verdient, sondern besser als „Einfluß" zu bezeichnen ist. Kein Zweifel, Unternehmer können, zumal wenn es starke Persönlichkeiten sind, Einfluß auf die Wirtschaftspolitik wie auch auf die allgemeine politische Meinungsbildung ausüben. Hier liegt, nicht nur legitim, sondern in verantwortungsbewußtem Sinne wahrgenommen, ein Teil der unternehmerischen Aufgabe. Das ist, am Rande bemerkt, auch der Sinn parlamentarischer Hearings, wie wir sie erfreulicherweise von der amerikanischen Praxis übernommen haben.

Wenn hier zum Teil Gefahren gesehen werden, so ist dem zweierlei entgegenzuhalten: Zum einen spielt sich diese Einflußnahme im pluralistischen Rahmen ab; ihr stehen entsprechende Bemühungen anderer gesellschaftlicher Gruppen, insbesondere der Gewerkschaften, gegenüber. Dieser Pluralismus ist geradezu die unerläßliche Voraussetzung für das Wirken der Verbände und auch der Lobbies; zum anderen ist es selbstverständliche Pflicht derer, die politische Entscheidungen zu treffen haben, diese in Ausübung ihrer Verantwortung und nach bestem Wissen und Gewissen zum Wohle des Ganzen zu treffen, also jedwede Einflußnahme nur insoweit zu berücksichtigen, als sie mit diesem Postulat vereinbar ist. Schädliche Einflußnahme kann es demnach im Grunde nur geben, wenn die Politiker schwach sind und ihrem Auftrag nicht gerecht werden. „Ein machtloser Staat wird zum Spielball mächtiger Interessen", so hat unlängst Otto Schlecht, Staatssekretär im Bundeswirtschaftsministerium, formuliert.

Das rechtfertigt keineswegs jedwede Form gesellschaftspolitischer Einflußnahme. Hier ist vielmehr das große Wort vom unternehmerischen Ethos – ich könnte auch sagen, vom unternehmerischen Gewissen – am Platz. Derjenige verletzt es gravierend, der Meinungsdruck auszuüben versucht, der sein Ziel auf Schleichwegen ansteuert und der nur spezielle Vorteile für sein Unternehmen im Auge hat. Dies ist keine Zeit mehr für „graue Eminenzen", gerade die Repräsentanten großer Unternehmen müssen ihre Absichten und Ziele im gesellschaftspolitischen Rahmen offen vertreten.

In den gleichen Themenkreis gehört auch die Frage, ob nicht die Führungskräfte der Wirtschaft, um die geschilderten Ziele zu erreichen, am besten selbst im Zentrum der wirtschafts- und gesellschaftspolitischen Diskussion, also im Parlament, tätig werden sollten. Von der Ausgewogenheit des Parlaments, seiner Debatten und Entscheidungen her wäre es ohne Zweifel wünschenswert, ja eigentlich unabdingbar, daß das unternehmerische Element dort stärker vertreten wäre, zumal angesichts des ausgeprägten gewerkschaftlichen Einflusses. Aber Wunsch und Wirklichkeit klaffen hier weit auseinander, und zwar aus verständlichem Grund. Die Führung der Unternehmen, großer wie kleiner, erfordert von denen, die an der Spitze Verantwortung tragen, so viel Zeit und Kraft, daß ernsthafte Mitarbeit im Parlament daneben nur schwer unterzubringen ist. Erfreuliche Ausnahmen, die es in den letzten Jahrzehnten gegeben hat und auch heute gibt, bestätigen nur diese Regel. Auch das in größeren Vorständen denkbare Verfahren, einzelnen Mitgliedern Freiraum für parlamentarische Mitwirkung zu lassen, erscheint mir, vor allem für die Betreffenden, nicht wirklich befriedigend, weil deren Stimme im Führungsteam bei abnehmender Kenntnis des laufenden Geschäfts leicht an Gewicht verliert.

Anstelle dessen ist die Freistellung von politisch interessierten und engagierten Führungskräften unterhalb der Vorstandsebene für die Parlamentsarbeit ein gangbarer

Weg, und die Unternehmen sind sicher gut beraten, solcher Bereitschaft zum politischen Engagement, wo sie sich zeigt, Raum zu geben; doch kann dies die Rolle der Unternehmer selbst nicht ganz ersetzen. Die Unternehmer sollten daher darüber nachdenken, ob es nach amerikanischem Vorbild nicht zu etwas mehr Rotation zwischen den verschiedenen Gesellschaftsbereichen, genauer zwischen Wirtschaft und Politik, kommen könnte, dergestalt, daß Unternehmer – zum Beispiel bei Erreichen einer etwas früheren Altersgrenze – den Weg in die politische Arena nehmen, in die sie dann reiche Erfahrung einbringen können.

Keine Differenzierung je nach Regierungspartei

Das bisher Gesagte gilt nicht für die aktive Teilnahme von Unternehmen am politischen Leben durch Mitarbeit in den Parteien und andere Bestätigungen, die sich mit den Führungspflichten in Einklang bringen lassen. Eines ist in diesem Zusammenhang indessen zu unterstreichen: Politische Mitarbeit in den Parteien, sei es inner- oder außerhalb des Parlaments, kann und darf immer nur Aktivität im eigenen Namen für die Belange der Wirtschaft im allgemeinen sein und nicht als Vertreter eines bestimmten Unternehmens. Der im Grundgesetz festgelegte politische Auftrag ließe solche Interessenvertretung gar nicht zu, ganz abgesehen davon, daß ja ein vielgliedriger Vorstand nicht einfach einer politischen Richtung zugeordnet werden kann. Zwar spricht heute angesichts unübersehbarer marktwirtschaftfremder Tendenzen in der SPD manches dafür, daß sich die Parteimitarbeit von Unternehmen überwiegend in den drei Koalitionsparteien vollzieht, doch ist dies, wie wir wissen, keineswegs ausschließlich der Fall. Ich werte die politische Vielfalt der Unternehmerschicht uneingeschränkt positiv. Kaum vorstellen kann man sich freilich, daß in Verantwortung stehende Unternehmer Gedankengängen à la Eppler oder Lafontaine folgen.

Ebenso halte ich es für selbstverständlich, daß die Unternehmensführungen den jeweiligen Regierungen, die im Ergebnis des demokratischen Wahlprozesses gebildet werden, loyal gegenübertreten und ihnen, soweit gewünscht, mit Rat und Tat zur Verfügung stehen. Diese Loyalitätsverpflichtung ergibt sich schon fast automatisch allein daraus, daß für die Unternehmen in ihrem ständigen Bemühen, Wachstum und Beschäftigung zu fördern, eine Differenzierung je nach Regierungspartei nicht in Betracht kommen kann. Schon der Gedanke an unternehmerische Verweigerung in dieser Hinsicht wird jedem absurd erscheinen, was umgekehrt die unverkennbaren Ansätze zu politisch motiviertem Streik bei den Gewerkschaften um so bedenklicher macht. Loyalität kann freilich nicht gleichbedeutend sein mit unbedingter Zustimmung zu allen Wünschen und Postulaten der Regierenden; im Gegenteil, sie ermöglicht es erst, konstruktive Kritik und Bedenken, vor allem in Fragen der Wirtschaftsordnung, an geeigneter Stelle mit Nachdruck vorzutragen.

Das führt zu der heute so emotional in der breiten Öffentlichkeit diskutierten Frage, ob Unternehmen beziehungsweise ihre Führungsgremien politische Parteien unterstützen sollen und dürfen. Hier erinnere ich an die Eingangsthese, daß es Teil der unternehmerischen Verantwortung sein muß, sich um ein wirtschaftspolitisches Umfeld zu bemühen, das sinnvolles und erfolgversprechendes Wirtschaften erlaubt. In diesem Sinne ist die Unterstützung aller Parteien, die der sozialen Marktwirtschaft verpflichtet sind, ein selbstverständliches Gebot.

Daß solche Unterstützung neben der aktiven Mitarbeit einzelner und der Bekräftigung marktwirtschaftlicher Grundsätze in Reden und Aufsätzen von Unternehmensführern auch in materieller Form erfolgt, wie es bei uns und in vielen anderen Ländern der Fall war und ist, entspricht sicher nicht den gesellschaftspolitischen Idealvorstellungen; allzuleicht kommt damit der Vorwurf „Geld und Macht" auf den Plan. Auf der anderen Seite erscheint es aber auch unabdingbar, daß demokratische Parteien über die finanziellen Mittel verfügen, die zur Ausübung ihres politischen Mandats erforderlich sind. Dies war bei uns offensichtlich unter den Gegebenheiten der Nachkriegsjahrzehnte nicht der Fall, und so ist es verständlich, daß die Parteien sich in dieser Periode um finanzielle Beiträge von Unternehmen und Gewerkschaften bemüht und diese auch solche bereitgestellt haben.

Unverständlich bleibt dagegen, daß dieselben Parlamentarier, die diese Finanzierungsnotwendigkeiten für ihre Parteien erkannten, die mit Spenden zusammenhängende Rechtsfragen erst im Jahre 1983 gesetzlich geregelt und in der Zwischenzeit die bekannten Wege und Einrichtungen für ihre Einwerbung benutzt haben, die nun eine Flut von Anklagen und Prozessen nach sich ziehen. Letztlich ist es dieser Mangel an Konsequenz und Verantwortungsbewußtsein in der Gesetzgebung, für den jetzt Unternehmer, die in gutem Glauben an die Rechtmäßigkeit ihres Tuns aus den vorhin geschilderten Motiven solche Spenden geleistet haben, an den Pranger gestellt werden.

Es wäre sicher verfehlt, sich hier mit der andauernden juristischen Diskussion über die Steuerabzugsfähigkeit von Spenden an die Staatsbürgerliche Vereinigung, die Friedrich-Ebert-Stiftung und andere zu befassen oder gar zu schwebenden Verfahren Stellung zu nehmen; aber es fällt schwer, diese ganze Entwicklung und ihre juristische Verarbeitung mit elementaren Gefühlen für Gerechtigkeit und politischen Anstand in Einklang zu bringen. Hier gilt es wahrhaft, aus Fehlern und Versäumnissen zu lernen und Transparenz des Handelns in Zukunft oberstes Gebot sein zu lassen.

Einem Aspekt des Themas ist besondere Bedeutung beizumessen: dem Unternehmerbild, wie es sich in den Augen der Öffentlichkeit aus Auftreten, Lebensstil und Geisteshaltung vieler einzelner Unternehmerpersönlichkeiten formt. Jeder, der in herausgehobener Position arbeitet, weiß – und ist verständlicherweise nicht unbedingt erfreut darüber –, daß er fast ständig solch kritischer Beobachtung ausgesetzt ist; aber vielleicht ist nicht allen genügend bewußt, daß gerade hier ein wichtiges Stück gesellschaftspolitischer Verantwortung liegt.

Es ließen sich viele Namen nennen, die diesem hohen Anspruch in vorbildlicher Weise gerecht geworden sind oder gerecht werden. Aber es gilt leider auch, daß nur wenige schlechte Beispiele, von manchen Medien nur allzugern breitgetreten, das Gesamtbild des Unternehmers, nicht zuletzt in den Augen der Jugend, nachhaltig zu trüben und zu verzerren geeignet sind. Es mag genügen, in diesem Zusammenhang übertrieben extravaganten, luxuriösen Lebensstil, Unnahbarkeit, Überheblichkeit oder schroffes Auftreten gegenüber Mitarbeitern zu erwähnen.

Das alles soll und darf nicht heißen, daß der Unternehmer auf Privatleben zu verzichten und ständig wie auf dem Präsentierteller zu leben hat; aber es wäre auch nicht damit getan, sich dann und wann sozusagen in Positur zu setzen. Es geht, mag das auch etwas pathetisch klingen, um Grundeinstellung und innere Lebenshaltung, also letztlich nicht um Äußerlichkeiten, sondern um moralische und geistige Fragen. Max Weber hat einmal von drei Eigenschaften gesprochen, die ein guter Unternehmer in sich vereinen müßte: Leidenschaft, Verantwortungsbewußtsein und Augenmaß.

Das ist, um mit Fontane zu sprechen, ein weites Feld, und die Versuchung liegt nahe, hierüber ins Philosophieren zu geraten. Doch große Unternehmerpersönlichkeiten haben sich hierzu vielfach in überzeugender Weise geäußert. Als hervorragendes Beispiel ist der Vortrag von Hans L. Merkle „Dienen und Führen" zu nennen, dessen Titel allein schon die Richtung solcher Führungsphilosophie anzeigt. Es ist darin von Selbstdisziplin, Bescheidenheit und Bereitschaft zum Verzicht die Rede; aber noch etwas anderes klingt an: Urteilskraft und die Fähigkeit zur Entscheidung als wesentliche unternehmerische Eigenschaften erfordern heute bei ständig drohender Hektik auch Selbstbesinnung, Zeit zur Kontemplation oder, weniger anspruchsvoll ausgedrückt, zu schöpferischer Muße. Der rastlose Homo faber aber kann leicht die wichtigsten Ziele aus dem Auge verlieren und gerade in der Krise versagen.

Eine bunte Vielfalt ergibt das wahre Unternehmerbild

Zwei möglichen Mißverständnissen möchte ich indessen entgegentreten. Zum einen war und ist es keinesfalls meine Absicht, für einen schablonisierten Idealtyp zu plädieren. Im Gegenteil, erst die bunte Vielfalt der Persönlichkeiten macht das wahre Unternehmerbild aus. Zum anderen wäre es verfehlt, würden sich erfolgreiche Unternehmer in Gebaren und Anspruch selbst auf eine Art Piedestal stellen, um sich verehren und bewundern zu lassen. Respekt und Sympathie werden ihnen am ehesten zuteil, wenn sie allein unternehmerische und geistige Leistung auszeichnet und sie sich sonst wie alle anderen Mitglieder der Gesellschaft oder, salopp gesagt, wie „normale Sterbliche" bewegen.

Anmerkungen

1) U.a. prognos-report nr. 12 – Die Bundesrepublik Deutschland 1990 2000 2010, Basel 1986; prognos euro report 1987, volume A industrialized countries and regions, Basel April 1987; Energie-Verbrauch und diverse Technologiestudien der Abteilung Innovation und neue Technologien.

2) Toepfer/Afheldt: Praxis der strategischen Unternehmensplanung, Poller Verlag, Stuttgart 1986

3) Prognos Ag, Analyse und Prognose der Unternehmensgrößenstruktur, Untersuchung im Auftrag des Bundesministers für Wirtschaft, Basel 1979.

4) „Auf der Suche nach sich selbst", Erscheinungsbild und Kultur von Unternehmen, B. Keysselitz, S. Heek, in FAZ Nr. 131/Jahrgang 1986.

5) Managermagazin

6) AMA = American Management Association

7) Zuerst erschienen in FAZ, N. 164/1986

Über die Autoren

Dr. Heik Afheldt

ist Vorsitzender der Geschäftsleitung der Prognos AG, Basel/Schweiz.

Heik Afheldt, Jahrgang 1937, war nach dem Studium der Wirtschafts- und Sozialwissenschaften in Hamburg, einem Praktikum bei der Kommission der EWG in Brüssel und einer Assistententätigkeit an der Universität Hamburg freier Mitarbeiter bei Unternehmensberatungen. 1964 promovierte er zum Dr.rer.pol.

Im gleichen Jahr trat er bei der Prognos AG, Basel, Europäisches Zentrum für angewandte Wirtschaftsforschung, ein und arbeitete in den Abteilungen Marktforschung, Unternehmensberatung und Regionalforschung. 1970 wurde er Mitglied der Geschäftsleitung der Prognos AG und Leiter der Abteilung Stadtentwicklung und Regionalplanung. Seit 1977 ist er Vorsitzender der Geschäftsleitung der Prognos AG.

Dr. F. Wilhelm Christians

ist Mitglied des Vorstandes der Deutschen Bank AG und einer der beiden Sprecher des Vorstandes.

F. Wilhelm Christians wurde 1922 in Paderborn geboren. Er studierte Rechts- und Staatswissenschaften und trat 1940 in Vorbereitung auf eine diplomatische Laufbahn in die Deutsche Bank ein. Zwei Jahre später entschied er sich für den Beruf eines Bankiers. Er übernahm bald leitende Funktionen in verschiedenen Filialen der Deutschen Bank und wurde später in die Zentrale der Deutschen Bank in Düsseldorf berufen. 1963 übernahm er dort als Direktor mit Generalvollmacht die Verantwortung für das Börsengeschäft. 1965 wurde er stellvertretendes Vorstandsmitglied und 1967 ordentliches Mitglied des Vorstandes. Seit Mai 1976 ist er auch einer der beiden Sprecher des Vorstandes – zunächst bis Mai 1985 zusammen mit Dr. Wilfried Guth, danach gemeinsam mit Dr. Alfred Herrhausen. Von März 1975 bis Mai 1979 bekleidete er das Amt des Präsidenten des Bundesverbandes Deutscher Banken. Sein besonderes Interesse gilt den Fragen der deutschen und internationalen Wertpapiermärkte. Er ist Vizepräsident im Vorstand der Rheinisch-Westfälischen Börse zu Düsseldorf.

Dr.-Ing. Reiner Gohlke

ist Vorsitzender des Vorstandes der Deutschen Bundesbahn, Frankfurt.

Reiner Gohlke wurde 1934 in Beuthen (Oberschlesien) geboren. Nach dem Abitur in Schweinfurt studierte er an der Technischen Hochschule Aachen Eisenhüttenkunde und schloß sein Studium 1960 mit dem Dipl.-Ing. ab. Er blieb an der TH Aachen und war dort bis 1965 wissenschaftlicher Mitarbeiter und Assistent. Während dieser Zeit studierte er Betriebswirtschaft, wurde Dipl.-Wirtschaftsingenieur und 1965 folgte die Promotion zum Dr.-Ing.

1966 begann Gohlke seine erfolgreiche Laufbahn bei IBM Deutschland. 1969 avancierte er bereits zum Vertriebsleiter, war dann Vertriebsdirektor und Leiter der Geschäftsstelle Hamburg, 1973 Leiter des Marketings für den internationalen Grundstoffbereich in Paris, 1975 Leiter der Stäbe im Geschäftsbereich Datenverarbeitung und wurde 1976 Gesamtprokurist für IBM Deutschland. 1977 erhielt er Generalvollmacht und wurde Leiter des Unternehmensbereiches Text- und Datensysteme. 1978 wurde Dr. Gohlke zum Geschäftsführer der IBM Deutschland berufen. Seit Mai 1982 ist er Vorsitzender des Vorstandes der Deutschen Bundesbahn.

Dr. Wilfried Guth

ist Vorsitzender des Aufsichtsrates der Deutschen Bank AG.

Wilfried Guth wurde 1919 in Erlangen geboren. Er studierte an den Universitäten Bonn, Genf, Heidelberg und London Nationalökonomie und promovierte zum Dr.rer.pol.

1953 trat er in den Dienst der damaligen Bank deutscher Länder. Fünf Jahre später wurde er zum Leiter der volkswirtschaftlichen Abteilung der Deutschen Bundesbank ernannt. Von dort ging Dr. Guth 1959 als deutscher Executivdirektor zum Internationalen Währungsfonds in Washington. Danach war er von 1962 bis 1967 Vorstandsmitglied der Kreditanstalt für Wiederaufbau. 1968 wurde Dr. Guth in den Vorstand der Deutschen Bank berufen. Von 1976 bis 1985 war er – zusammen mit Dr. F. Wilhelm Christians – Sprecher des Vorstandes der Deutschen Bank.

Dr. Guth ist Mitglied verschiedener internationaler Gremien, die sich mit Fragen der internationalen Währungspolitik sowie zwischenstaatlicher wirtschaftlicher Zusammenarbeit befassen. 1968 wurde er zum Mitglied der Pearson Commission berufen. Er ist Vorsitzender der Monetary Commission der Internationalen Handelskammer, Mitglied des Advisory Board der International Finance Corporation und seit 1984

Chairman des Board of Governors des Atlantic Institute for International Affairs in Paris. Seit 1981 gehört er dem Board of Trustees des Institute for Advanced Studies in Princeton an.

Dr. Carl Hahn

ist Vorsitzender des Vorstandes der Volkswagen AG, Wolfsburg.

Carl Horst Hahn wurde 1926 in Chemnitz geboren. Er studierte an den Universitäten Köln und Zürich Betriebswirtschaft, später an der Universität Bristol Volkswirtschaft. An der Universität Paris erwarb Hahn das „Certifikat d'Etudes Politiques". Er promovierte an der Berner Universität zum Dr.rer.pol.

Seine berufliche Laufbahn begann Hahn im Jahre 1953 als Administrateur in der Europäischen Produktivitätszentrale der Organization for European Economic Cooperation (OEEC) in Paris. 1954 wechselte Hahn als Leiter der Exportförderung zu der damaligen Volkswagenwerk GmbH. Von 1959 bis 1964 war er dann als Chief Executive Officer bei der Volkswagen of America, Inc., tätig. In dieser Funktion baute er maßgeblich die USA-Aktivitäten des Unternehmens auf und aus. 1964 wurde Hahn zunächst stellvertretendes, 1965 ordentliches Vorstandsmitglied für den Geschäftsbereich Vertrieb im Vorstand der damaligen Volkswagenwerk AG. Hahn schied 1972 aus diesem Unternehmen aus und übernahm 1973 die Aufgaben des Vorstandsvorsitzenden der Continental Gummi-Werke AG in Hannover. Am 1. Januar 1982 wurde er vom Aufsichtsrat zum Vorstandsvorsitzenden der Volkswagen AG berufen.

Hahn ist u.a. Mitglied des Präsidiums des Bundesverbandes der Deutschen Industrie (BDI) und des Außenwirtschaftsbeirates beim Bundesminister für Wirtschaft.

Dr. Kurt A. Körber

ist Inhaber der Hauni-Werke Körber & Co. KG in Hamburg.

Kurt A. Körber wurde 1909 in Berlin geboren. 1946 gründete er die Hauni-Werke. 1959 rief er die „Kurt-A.-Körber-Stiftung" zur Förderung von Bildung und Wissenschaft, 1961 den „Bergedorfer Gesprächskreis zu Fragen der industriellen Gesellschaft" ins Leben. 1965 wurde ihm die Goldene Diesel-Medaille für sein 192. Patent verliehen. Im gleichen Jahr errichtete er das Hamburger „Lehr- und Forschungs-Institut für industrielle Koordinierung". 1984 rief er den „Förderpreis für die Europäische Wissenschaft" ins Leben.

Kurt A. Körber ist Ehrendoktor der Erlanger Universität für seine Verdienste um Volkswirtschaft und Sozialwissenschaft. Er ist außerdem

Vorsitzender seiner „Stiftung zur Förderung der Hamburgischen Staatsoper" und Aufsichtsratsmitglied des Thalia-Theaters.

Helmut Maucher

ist Delegierter des Verwaltungsrates der Nestlé AG, Vevey/Schweiz.

Helmut Oswald Maucher wurde 1927 in Eisenharz/Allgäu geboren. Er studierte Betriebswirtschaft an der Universität in Frankfurt. Seine berufliche Laufbahn begann mit einer kaufmännischen Lehre im Nestlé-Werk. Seit 1951 war er bei der Deutschen Nestlé in Frankfurt tätig, zunächst in der Betriebsabrechnung, dann als Leiter der Abteilung Planung und Kostenrechnung, als Assistent des Vorsitzenden der Geschäftsleitung und als Koordinator der Stabsabteilungen. 1963 wurde er Marketing-Direktor der Deutschen Nestlé in Frankfurt. 1964 wurde er Geschäftsführer der Findus-Jopa GmbH in Frankfurt. 1970 trat er bei der GEG in Hamburg (Großeinkaufsgesellschaft Deutscher Konsumgenossenschaften) als Geschäftsführer ein und zwar zugleich Vorstandsmitglied des Bundes Deutscher Konsumgenossenschaften (BDK). 1972 wurde er Vorstandsvorsitzender der Allgäuer Alpenmilch AG, München. 1975 übernahm er als Vorsitzender die Geschäftsleitung der Nestlé-Gruppe Deutschland GmbH in Frankfurt. 1980 wurde er zum Generaldirektor und Mitglied des Exekutivkomitees der Nestlé AG in Vevey berufen. Seit 1981 ist er Delegierter des Verwaltungsrates der Nestlé AG in Vevey.

Professor Dr. Helmut Sihler

ist Vorsitzender der Geschäftsführung der Henkel KGaA, Düsseldorf.

Helmut Sihler wurde 1930 in Klagenfurt/Kärnten (Österreich) geboren. Er studierte in Graz und Vermont/USA Philologie und Jura. Er wurde B.A. und promovierte zum Dr. phil. und zum Dr. jur.

Seit 1957 ist er bei der Firma Henkel KGaA in Düsseldorf und wurde 1980 zum Vorsitzenden der Geschäftsführung berufen.

Helmut Sihler ist außerdem Honorarprofessor für Betriebswirtschaftslehre an der Universität in Münster.

Lothar F.W. Sparberg

ist Vorsitzender des Aufsichtsrates der IBM Deutschland GmbH, Stuttgart.

Lothar F.W. Sparberg wurde 1927 in Herne/Westfalen geboren. 1952 trat er in die Finanzabteilung der IBM Deutschland ein. Nach wechselnden Führungsaufgaben in verschiedenen Unternehmensbereichen wurde er 1962 mit der Leitung des Finanzwesens der IBM Deutschland betraut. Im gleichen Jahr wurde er Assistent des Vice President für das Finanzwesen der IBM World Trade Corporation in New York. Von 1963 bis 1966 war er in Montevideo als Controller für die IBM Gesellschaften in Südamerika tätig.

Nach seiner Rückkehr in die IBM Deutschland 1966 wurde Sparberg zum Controller ernannt und 1967 zum Stellvertretenden Geschäftsführer berufen.

Von 1968 bis 1971 arbeitete er bei der IBM Europa in Paris als Area General Manager für eine Anzahl europäischer IBM Gesellschaften. Er war in dieser Funktion verantwortlich für Vertrieb, Technischen Außendienst, Finanzen und Fertigung.

1971 kehrte Sparberg zur IBM Deutschland zurück und wurde zum Geschäftsführer berufen. Bis 1980 leitete er den Finanzbereich und die Verwaltung. Ende 1980 übernahm er die Leitung des neu gegründeten Unternehmensbereiches Datenverarbeitung. Ab 1981 war Sparberg Stellvertretender Vorsitzender und von 1983 bis 1986 Vorsitzender der Geschäftsführung der IBM Deutschland. Seit 1987 ist er Vorsitzender des Aufsichtsrates.

Heinrich Weiss

ist Vorstandsvorsitzender der SMS Schloemann-Siemag AG, Düsseldorf.

Heinrich Weiss wurde 1942 in Berlin geboren. Er wuchs in Hilchenbach Krs. Siegen auf. An der TH München studierte er Elektrotechnik und wurde Diplom-Ingenieur. Zur gleichen Zeit betrieb er seine betriebswirtschaftliche Ausbildung an der Universität München. Anschließend war er Assistent des Geschäfsführers einer Maschinenbaufirma in Hannover.

1968 wurde er Geschäftsführer der Siemag-Maschinen- und Stahlbau Netphen GmbH in Netphen/Sieg (heute Siemag transplan GmbH). 1971 wurde er Vorsitzender der Geschäftsführung und Mitinhaber der Siemag Siegener Maschinenbau GmbH in Hilchenbach und seit 1974 ist er Geschäftsführender Gesellschafter der Siemag Weiss Stiftung + Co. KG, Hilchenbach, zugleich Vorsitzender des Vorstandes der SMS Schloemann-Siemag AG in Düsseldorf und Hilchenbach.

Heinrich Weiss ist außerdem Bundesvorsitzender des Wirtschaftsrates der CDU e.V., ferner ist er Vizepräsident des Verbandes Deutscher Maschinen- und Anlagenbau (VDMA), Frankfurt, und Vorsitzender des Arbeitskreises China im Ost-Ausschuß der Deutschen Wirtschaft, Köln.

Register

Absatzmärkte 42
Absatzressort der DB 128 ff.
Aktiengesellschaft 56
Alterskultur 171
Alterspryramide 48, 171
Altersstrukur 166
AMA-Programm 180, 184
Arbeitskräftemangel 32
Arbeitslose 32
Arbeitslosigkeit 172
Arbeitsteilung 25, 38
Arbeitszeitgestaltung 31
Arbeitszeitverkürzung 35
Ärmelkanal-Tunnel 144
Aufschwungphase 21
Ausländer 32
Auslandsinvestition 43
Australien 84
Automobilindustrie 92 ff.

Banken 220
Baoshan 107 ff.
Basic Beliefs 202
Basistechnologien 28
Bauwirtschaft 62
Beamtenbesoldung 135
Bedürfnispyramide 30
Bell, D. 20
Bergbau 62
Bestushew-Lada, Igor 165
Bevölkerungsentwicklung 25
Bevölkerungsexplosion
  25, 74 ff.
Bevölkerungsrückgang 172
Bildungsexplosion 167

Billigländer 43
Biotechnik 197
Biotechnologie 28, 41, 76
Böhm, Franz 220
Btx 197
Budgetierungssystem der DB
  132
Bundesbahn 117 ff.
Bundesbahngesetz
  119, 134, 139
Bundesbank 45
Bundeshaushaltsordnung 140
Bundesrepublik Deutschland
  21
Bundesverkehrswegeplan 141
Bundeswehr 162

Chemie 52
China 25, 39 f., 47, 112
City-Bahn 126
Controlling-Ressort der DB
  131 f.
Corporate Identity
  63 ff., 102 ff.

DanLink 127
Datenverarbeitung 24
Deutscher Werberat 173
Dezentralisierung 36, 78, 200
Dienstleistungen
  26, 34, 49, 190
Dienstleistungssektor 183, 193
Dollarverfall 46
Dörner, Dietrich 178
Dritte Welt 25 f., 32, 83 f.

EG 45
Eigenkapital 54
Einkommen 34
Einkommensmaximierung 31
Emanzipation 30
Entspannung 38
Entwicklungsländer 82 ff.
Erbschaftssteuern 56
ESPRIT 68
EURAIL 127
Eureka 68
Exportquoten 34

Fahrzeugbau 90
Familiengesellschaften 55
Familienunternehmen 208
Fernsehen 164
Financial Engineering 108 f.
Flexibilisierung der Arbeitswelt 190, 195 f.
Fortbildung der Unternehmensführer 186
Frankreich 110
Freizeitausgaben 31
Fremdkapital 206
Friedenssicherung 38
Friedrich-Ebert-Stiftung 225/226
Fromm, F. 20
Führungseignung 177
Führungskräfte-Tagungen der DB 133
Führungsnachwuchs 190

Gebietskörperschaften 36
Geburtenrate 166
Geburtenschwund 162
Gentechnologie 41, 76
Gewerkschaften 40, 221
Gewinnmaximierung 113
Giersch 52

Globale Märkte 194
Globalisierung der Märkte 44
Gorbatschow, M. 46
Großanlagenbau 105 ff.
Grundgesetz 223
Güterverkehr 123, 126 ff.

Halbleiter 198
Handelskrieg 45
Handlungsbedarf 185
Handlungsmöglichkeiten 185
Hochgeschwindigkeitsverkehr 144
Hongkong-Abkommen 39
Human Ressources 183

IBM Deutschland 191 ff.
IC '85 125
IC-Kurierdienst 127
ICE 141
Importquoten 34
Indien 112
Individualverkehr 118
Informatik 186
Informationstechnik 63, 192, 198 f.
Informationstechnologie 28, 41, 44, 183, 194
Infrastrukturpolitik 32
Innovation 42
Innovationsklima 50
Instanzenzug der DB 133
Integration 203 f.
Intercargo 126
Interdependenzen 37, 54
Internationalisierung 193 f.
Internationalisierung der Wirtschaft 190
Intrapreneur 50
Intrapreneuring 66
Italien 110

Japan 43 f., 46, 68, 110, 198
Jugendumfrage der Shell 169

Kahn, H. 20
Kahn, W. 20
Kartellgesetzgebung 218, 220
Kerntechnologie 52
Know-how-Transfer 108 f.
Kohl, Helmut 30, 141
Kommunikationstechniken 38
Kommunikationstechnologie 41, 183
Kommunismus 39
Kondratieff 20
Korea 44
Kutsnets 20

Lachmann, Birgit 30
Landwirtschaft 62, 192
Lebenserwartung 166
Leibniz 58
Lifestyle Research 44

Maggi, Julius 83
Marketing 161 ff.
Marktbeherrschung 220
Marktforschung 44
Materialtechnik 28
McKinsey 179
Mediaanalyse 1975 168
Meerestechnik 28
Merkle, Hans L. 58, 227
Mikroelektronik 28, 74
Mikroprozessoren 41

Nachfragestruktur 170
Nahrungsmittelindustrie 74 ff.
Neue Technologien 28
Noelle-Neumann 164

OECD 25
Ölpreis 41

Ölpreisverfall 46
Optoelektronik 28
Ostblock 25
Österreichische Bundesbahnen 146

Park and Rail 125
Parlament 222
Parteien 223 ff.
Patente 212
Personenbeförderungsgesetz 143
Personennahverkehr 137
Personenverkehr 124
Planwirtschaft 218
Plaza-Beschlüsse 41
Postindustrielle Gesellschaft 20
Postman, Neil 164
Postmaterielle Gesellschaft 20
Pro-Kopf-Einkommen 172
Produktionsfaktoren 41

Rail and Road 125
Rationalisierung 49, 91
Rentner 162
Rheinwasservergiftung 52
Rosarote Aktionen 125

Saint-Exupéry, A. de 51
Schattenwirtschaft 31, 35
Schlecht, Otto 221
Schnellbahnen 144
Schwedische Staatsbahnen 146
Schweizerische Bundesbahnen 146
Schwellenländer 43, 198
Selbstverwirklichung 30
Sensorik 91
Sicherheit 36
Smith, Adam 96
SNCF 144

Soziale Kompetenz 52
Soziale Marktwirtschaft 40
Sozialer Wandel 29
Spanien 110
Spenden 225
Staatsbürgerliche Vereinigung 225
Stahlproduktion 111
Standortfaktoren 26
Stoltenberg 162
Strategie DB '90 123 f., 136
Strukturwandel 21, 41 ff.
Supermächte 38
Szenario DB '90 131

Taiwan 44
Tarifpolitik 124
Technologie 25
Technologiemärkte 191, 196 ff.
Technologietransfer 47, 68
Technologischer Wandel 191 ff.
Technologisierung der Wirtschaft 190
Teilzeitbeschäftigte 34
Telekommunikation 197
Termindienst der DB 127
Trennungsrechnung 138 f.
Tschernobyl 52

Überalterung des Managements 183
UdSSR 38 f., 46
UIC 144
Umwelt 36
Underlying Forces 20
Unternehmenskontinuität 56

Unternehmenskultur 63 f., 201 f.
Unternehmensplanung 42
Unternehmenssicherung 54 ff.
Unternehmensstrategie 37
Unternehmensumfeld 24
USA 26, 38, 49, 52, 68, 84, 99, 169, 198

Verarbeitendes Gewerbe 34, 62
Vereinigte Staaten von Amerika s. USA
Verschuldung der DB 137
Versorgungslasten der DB 138
Vester, F. 19
Vogel, Jochen 30

Wachstumsphase 34
Wachstumsprofile 20
Weber, Max 227
Wechselkurspolitik 41
Weiterbildung 93, 201
Welternährungsprobleme 76
Welthandel 26
Weltmarkt 43
Weltwirtschaft 21, 25 f.
Werbung 161 ff.
Wertewandel 25, 29, 168, 183
Wertschöpfung 193
Wettbewerb 187, 220
Wirtschaftsergebnis der DB 138
Wirtschaftsverflechtungen 38
Wollert, Artur 183

Zollschutz 218